EL ANDAR DEL CRISTIANO

Un Estudio Práctico
del Estilo de Vivir por los Cristianos

Pastor Jeremy Markle

**LOS MINISTERIOS
DE
ANDANDO EN LA PALABRA**
Pastor Jeremy Markle
www.walkinginthewordministries.net

EL ANDAR DEL CRISTIANO

*Un Estudio Práctico
del Estilo de Vivir por los Cristianos*

Copyright © 2023 por Jeremy Markle.

Texto Bíblico: Reina-Valera 1960
© Sociedades Bíblicas en América Latina, 1960
Renovado © Sociedades Bíblicas Unidas, 1988.
Utilizado con permiso.

REINA-VALERA
1960

Reina-Valera 1960® es una marca registrada
de las Sociedades Bíblicas Unidas
y puede ser usada solo bajo licencia.

Publicado por Los Ministerios de Andando en la PALABRA
Walking in the WORD Ministries
www.walkinginthewordministries.net

Impreso en los Estados Unidos.

ISBN: 978-1-947430-34-1

Indice

I Juan 2:6

El que dice que permanece en él, debe andar como él anduvo.

Una Introducción
al Andar del Cristiano

Al final de Su ministerio terrenal, Jesucristo reunió a sus discípulos y les dio Su mandato final para sus vidas y ministerios. Mateo 28:18-20 registra a Jesús diciendo: *"Por tanto, id, y haced discípulos a todas las naciones, bautizándolos en el nombre del Padre, y del Hijo, y del Espíritu Santo; enseñándoles que guarden todas las cosas que os he mandado; y he aquí yo estoy con vosotros todos los días, hasta el fin del mundo. Amén."* Jesús tenía un propósito y un plan específico para Sus discípulos en Su ausencia. Debían representarlo ante el mundo que los rodeaba enseñando a las naciones Su Evangelio de salvación, bautizando a los que creían como testimonio público de su fe y luego enseñando a los creyentes a observar o poner en práctica, Sus enseñanzas (Marcos 16 :15-16).

En tiempos bíblicos, el título *discípulo* se le daba a los alumnos de un maestro religioso. Se esperaba que tales estudiantes no simplemente aprendieran la información que les proporcionó su maestro, sino que también guardaran o aplicaran diligentemente sus enseñanzas a su vida diaria para que comenzaran a vivir como Él (Mateo 28:20). Es por eso que el apóstol Juan registró a Jesús diciendo *"a los judíos que habían creído en él: Si vosotros permaneciereis en mi palabra, seréis verdaderamente mis discípulos"* (Juan 8:31). Luego añadió: *"En esto conocerán todos que sois mis discípulos, si tuviereis amor los unos con los otros"* (Juan 13:35). Finalmente, declaró: *"En esto es glorificado mi Padre, en que llevéis mucho fruto, y seáis así mis discípulos"* (Juan 15:8). Jesús espera que todos aquellos que creen en Él se conviertan en Sus discípulos, aprendiendo y viviendo de acuerdo a Su Palabra mientras muestran Su amor y glorifican a Dios Padre, permitiéndoles producir fruto espiritual en sus vidas (Lucas 14:21-33).

Una de las palabras principales usadas en el Nuevo Testamento y dentro del Cristianismo hoy en día para describir cómo un discípulo de Jesucristo debe guardar Sus mandamientos es la palabra *andar*. En este contexto, la palabra *andar* adquiere su significado figurativo de hacer elecciones consistentes, basadas en las propias creencias, que forman una dirección de vida para bien o para mal, formando un estilo de vida habitual.

Es el propósito de este estudio bíblico abordar los cuarenta y siete usos de la palabra *andar*, por un enfoque especial en las palabras griegas *peripatéo* (περιπατέω) y *poreúomai* (πορεύομαι), encontradas en treinta y dos pasajes, para revelar diez verdades bíblicas específicas que deben aplicarse a las actividades diarias de cada creyente para que pueda ser verdaderamente uno de los discípulos de Jesucristo y representarle delante del mundo.

Capítulo I

Andar en Jesucristo
Andar por Fe

Colosenses 2:1-12
6 Por tanto,
de la manera que habéis recibido al Señor Jesucristo,
andad en él;
7 arraigados y sobreedificados en él,
y confirmados en la fe,
así como habéis sido enseñados,
abundando en acciones de gracias.

Romanos 4:8-25
11 ...para que fuese padre de todos los creyentes
...a fin de que también a ellos la fe
les sea contada por justicia;
12 ...siguen las pisadas de la fe
que tuvo nuestro padre Abraham...

II Corintios 5:7
7 (porque por fe andamos, no por vista);

I Juan 2:4-6
6 El que dice que permanece en él,
debe andar como él anduvo.

Capítulo 1

Andar en Jesucristo
Andar por Fe

Colosenses 2:1-12
Romanos 4:8-25
II Corintios 5:7
I Juan 2:4-6

Instrucción Bíblica acerca de Andar en Jesucristo

En Colosenses 2:6, el apóstol Pablo mandó a los creyentes a andar en Jesucristo, diciendo: *"Por tanto, de la manera que habéis recibido al Señor Jesucristo, andad en él."* Aunque andar en Jesucristo puede sonar difícil, no lo es. Pablo específicamente comenzó su mandato con las palabras *"de la manera que habéis,"* indicando que de andar en Jesucristo es una continuación de lo que cada creyente ya ha hecho para recibirlo como su Salvador personal. Es *"(porque por fe andamos, no por vista)"* (II Corintios 5:7). Así como ha confiado en Jesucristo para que perdonara sus pecados y le diera vida eterna sin haberlo visto personalmente en la cruz o resucitando de la tumba, así debe permitir que Su Palabra guíe su vida diaria. Porque *"la fe es por el oír, y el oír, por la palabra de Dios"* (Romanos 10:17). *Andar en Jesucristo es un estilo de vida que guarda la fe en Él y aprende de Su Palabra.*

Andar en Jesucristo comienza con la fe en Su salvación y suficiencia

En Colosenses 1:4, Pablo testificó que había " *oído de vuestra fe en Cristo Jesús*" para la salvación. Además, elogió a los

3

creyentes en Colosenses 2:5, diciendo: *"Porque aunque estoy ausente en cuerpo, no obstante en espíritu estoy con vosotros, gozándome y mirando vuestro buen orden y la firmeza de vuestra fe en Cristo."* Los creyentes en Colosas habían comenzado bien su nueva vida en Jesucristo, al *"siguen las pisadas de la fe que tuvo nuestro padre Abraham,"* al recibir *"la justicia de la fe"* (Romanos 4:12-13). Podrían decir con Pablo: *"Y ciertamente, aun estimo todas las cosas como pérdida por la excelencia del conocimiento de Cristo Jesús, mi Señor...y ser hallado en él, no teniendo mi propia justicia, que es por la ley, sino la que es por la fe de Cristo, la justicia que es de Dios por la fe; a fin de conocerle..."* (Filipenses 3:8-10).

Aunque Pablo sabía de la fe de los creyentes en Jesucristo para salvación, estaba muy preocupado de que los falsos maestros y los hombres mundanos *"os engañe con palabras persuasivas"* y los desanimaran o distrajeran de su fe en Jesucristo en otras áreas de su vida (Colosenses 2:4). Luego les advirtió diciendo, *"Mirad que nadie os engañe por medio de filosofías y huecas sutilezas, según las tradiciones de los hombres, conforme a los rudimentos del mundo, y no según Cristo"* (Colosenses 2:8). También dijo, *"Nadie os prive de vuestro premio, afectando humildad y culto a los ángeles, entremetiéndose en lo que no ha visto, vanamente hinchado por su propia mente carnal"* (Colosenses 2:18). Pablo sabía que las tentaciones mundanas y las actividades religiosas hechas por el hombre podían ser atractivas. También sabía que roban a los creyentes la verdadera satisfacción que solo se encuentra en Jesucristo. Por eso los tranquilizó diciendo, hablando de Dios Padre y de Jesucristo, *"en quien están escondidos todos los tesoros de la sabiduría y del conocimiento"* (Colosenses 2:3). Agregó, mientras hablaba específicamente de Jesucristo: *"Porque en él habita corporalmente toda la plenitud de la Deidad, y vosotros estáis completos en él, que es la cabeza de todo principado y potestad"* (Colosenses 2:9-10). A medida que usted, como los creyentes en los días de Pablo, anda en Jesucristo por *"puestos los ojos en Jesús, el autor y consumador de nuestra fe,"* se le garantiza toda la sabiduría y el conocimiento necesario para cada día de su vida a medida que

Él lo completa (Hebreos 12:1-3, ver también II Pedro 1:2-4, Santiago 1:5-8). Jesucristo fue suficiente para salvarle de sus pecados y es suficiente para guiarle en todas las demás áreas de su vida diaria.

Andar en Jesucristo Es un Proceso Continuo

Siguiendo la advertencia e instrucción de Pablo, él proporcionó cuatro requisitos espirituales que cada creyente debe cumplir continuamente para andar en Jesucristo por fe. Él dijo en Colosenses 2:6-7, *"Por tanto, de la manera que habéis recibido al Señor Jesucristo, andad en él; arraigados y sobreedificados en él, y confirmados en la fe, así como habéis sido enseñados, abundando en acciones de gracias."*

Primero, debe estar firmemente *"arraigado...en él,"* o seguro en su relación con Jesucristo como su Salvador personal. Es por esta razón que Pablo dijo a los creyentes en Colosas: *"Y a vosotros también, que erais en otro tiempo extraños y enemigos en vuestra mente, haciendo malas obras, ahora os ha reconciliado en su cuerpo de carne, por medio de la muerte, para presentaros santos y sin mancha e irreprensibles delante de él; si en verdad permanecéis fundados y firmes en la fe, y sin moveros de la esperanza del evangelio que habéis oído..."* (Colosenses 1:21-23). Satanás sabe que si puede hacerle dudar de su salvación por su pecado, se verá obstaculizado en su caminar diario con Jesucristo. Sin embargo, Dios no quiere que vaya por la vida con dudas sobre su salvación, ni sobre Su amor. Pablo le recuerda que antes de que confiara en Jesucristo como su Salvador, usted hacía *"obras malas,"* pero ahora que Jesucristo ha pagado por sus pecados a través de Su muerte, puede vivir *"santos y sin mancha e irreprensible delante de él"* así como se enfoca en el cambio que Él ha hecho en su vida a través de *"la esperanza del evangelio"* (Colosenses 1:21-23, vea también I Corintios 15:1-4). Así como una nueva planta debe hundir sus raíces profundamente en la tierra para encontrar nutrientes y fuerza, usted debe profundizar continuamente en su dependencia y conocimiento de Jesucristo a través de Su Palabra, para que esté seguro en su vida espiritual diaria (Salmos 1:1-6). Jesús dijo,

"Cualquiera, pues, que me oye estas palabras, y las hace, le compararé a un hombre prudente, que edificó su casa sobre la roca. Descendió lluvia, y vinieron ríos, y soplaron vientos, y golpearon contra aquella casa; y no cayó, porque estaba fundada sobre la roca. Pero cualquiera que me oye estas palabras y no las hace, le compararé a un hombre insensato, que edificó su casa sobre la arena; y descendió lluvia, y vinieron ríos, y soplaron vientos, y dieron con ímpetu contra aquella casa; y cayó, y fue grande su ruina" (Mateo 7:24-27, vea también Santiago 1:22-25).

Segundo, debe ser *"sobreedificados en él,"* o crecer en su relación con Jesucristo. Es natural que una planta que tiene raíces profundas, comience a crecer hacia arriba a medida que comienza a cumplir su propósito de producir buenos frutos. Jesucristo enseñó esta verdad a una multitud a través de una parábola larga pero importante, diciendo: *"Oíd: He aquí, el sembrador salió a sembrar; y al sembrar, aconteció que una parte cayó junto al camino, y vinieron las aves del cielo y la comieron. Otra parte cayó en pedregales, donde no tenía mucha tierra; y brotó pronto, porque no tenía profundidad de tierra. salido el sol, se quemó; y porque no tenía raíz, se secó. Otra parte cayó entre espinos; y los espinos crecieron y la ahogaron, y no dio fruto. Pero otra parte cayó en buena tierra, y dio fruto, pues brotó y creció, y produjo a treinta, a sesenta, y a ciento por uno...El sembrador es el que siembra la palabra. Y éstos son los de junto al camino: en quienes se siembra la palabra, pero después que la oyen, en seguida viene Satanás, y quita la palabra que se sembró en sus corazones. Estos son asimismo los que fueron sembrados en pedregales: los que cuando han oído la palabra, al momento la reciben con gozo; pero no tienen raíz en sí, sino que son de corta duración, porque cuando viene la tribulación o la persecución por causa de la palabra, luego tropiezan. Estos son los que fueron sembrados entre espinos: los que oyen la palabra, pero los afanes de este siglo, y el engaño de las riquezas, y las codicias de otras cosas, entran y ahogan la palabra, y se hace infructuosa. Y éstos son los que fueron sembrados en buena tierra: los que oyen la palabra y la reciben, y dan fruto a treinta, a sesenta, y a ciento por uno"* (Marcos 4:3-20).

En esta parábola, Jesús reveló que aunque los cuatro tipos de personas escucharon la Palabra de Dios, solo uno produjo una cosecha abundante. Un grupo escuchó la Palabra de Dios con sus oídos, pero la rechazó en su corazón. Dos grupos escucharon la Palabra de Dios e inicialmente la recibieron, pero luego permitieron que las circunstancias los distrajeran o los desanimaran de aplicarla fielmente. Sólo el grupo que escuchó la Palabra de Dios y aplicó su enseñanza a su vida, produjo el fruto que Dios deseaba producir en ellos.

Tercero, debe estar *"confirmados en la fe, así como habéis sido enseñado,"* o firme en la instrucción bíblica que ha recibido de otros creyentes y de la iglesia local. Dios, en Su perfecta sabiduría y amor, no le ha dejado solo para descubrir su vida Cristiana. Ha creado la iglesia local, donde los creyentes pueden reunirse para escuchar la enseñanza de la Palabra de Dios y animarse unos a otros en su vida de fe. Pablo explicó que el liderazgo espiritual en la iglesia local fue específicamente dado *"a fin de perfeccionar [or madurar] a los santos para la obra del ministerio, para la edificación del cuerpo de Cristo, hasta que todos lleguemos a la unidad de la fe y del conocimiento del Hijo de Dios, a un varón perfecto, a la medida de la estatura de la plenitud de Cristo; para que ya no seamos niños fluctuantes, llevados por doquiera de todo viento de doctrina, por estratagema de hombres que para engañar emplean con astucia las artimañas del error, sino que siguiendo la verdad en amor, crezcamos en todo en aquel que es la cabeza, esto es, Cristo, de quien todo el cuerpo, bien concertado y unido entre sí por todas las coyunturas que se ayudan mutuamente, según la actividad propia de cada miembro, recibe su crecimiento para ir edificándose en amor"* (Efesios 4:12-16). La iglesia local es un lugar de refugio del mundo, donde los pecadores, salvados por Jesucristo, pueden trabajar juntos para conocerlo mejor y protegerse unos a otros de las influencias del pecado. Es por eso que Hebreos 10:23-25 dice, *"Mantengamos firme, sin fluctuar, la profesión de nuestra esperanza, porque fiel es el que prometió. Y considerémonos unos a otros para estimularnos al amor y a las buenas obras; no dejando de congregarnos, como algunos tienen por costumbre, sino exhortándonos; y tanto más, cuanto veis que aquel día se acerca."*

Sin embargo, es importante que comprenda que Pablo no dijo que simplemente debe escuchar la enseñanza de la Palabra de Dios, sino que debe estar firme en su fe basado en las verdades que se enseñan. La Biblia aborda todos los temas necesarios para la vida del Cristiano. Esos temas se llaman las doctrinas, o enseñanzas, de la fe. No reemplazan su fe en Jesucristo, sino que son las verdades que Él quiere que aprenda y aplique a su vida después de que sea salvo para que pueda vivir como Él. I Juan 2:6 dice, *"El que dice que permanece en él, debe andar como él anduvo."* El propósito de la iglesia local y otros creyentes fieles en su vida es ayudarlo a aprender y luego vivir lo que Dios ha revelado en Su Palabra para que pueda *"vestíos del Señor Jesucristo, y no proveáis para los deseos de la carne"* (Romanos 13:14).

Cuarto, debe estar *"abundando en acciones de gracias,"* o aumentar constantemente su gratitud por su salvación y la instrucción de Dios para su nuevo andar en Jesucristo. Como creyente en Jesús, hay mucho por lo que estar agradecido. Pablo les recordó a los creyentes en Colosas de unos pocos, diciendo: *"dando gracias al Padre que nos hizo aptos para participar de la herencia de los santos en luz; el cual nos ha librado de la potestad de las tinieblas, y trasladado al reino de su amado Hijo, en quien tenemos redención por su sangre, el perdón de pecados"* (Colosenses 1:12-14). Más tarde les escribió, diciendo, *"El es la imagen del Dios invisible, el primogénito de toda creación. Porque en él fueron creadas todas las cosas, las que hay en los cielos y las que hay en la tierra, visibles e invisibles; sean tronos, sean dominios, sean principados, sean potestades; todo fue creado por medio de él y para él. Y él es antes de todas las cosas, y todas las cosas en él subsisten"* (Colosenses 3:15-17) La gratitud piadosa le protegerá de los desánimos y las distracciones que se presenten por las circunstancias de la vida y las tentaciones del mundo. Debe recordar la bondad de Dios en el pasado y Sus preciosas promesas para el futuro para que pueda confiar en Él en el presente. Porque usted debe *"dad gracias en todo, porque esta es la voluntad de Dios para con vosotros en Cristo Jesús."* (I Tesalonicenses 5:18).

Andar en Jesucristo Es una Elección Personal

¿Está caminando en Jesucristo? ¿Ha puesto su fe en Él para el perdón de sus pecados y ha recibido Su salvación eterna? ¿Está confiando en Jesús, no solo para su salvación, sino también para que sea suficiente para guiarle en todas las demás áreas de su vida Cristiana? ¿Recuerda con frecuencia el significado del Evangelio y los cambios que trajo a su vida? ¿Está creciendo en su relación con Jesucristo? ¿Está aprendiendo y viviendo las verdades bíblicas que le hacen firme en su fe y de Cristo en su vida? Si está luchando en alguna de las áreas anteriores, ¿por qué no comparte su necesidad con Dios en oración ahora mismo y le pide que le perdone por cualquier pecado, que le guíe por Su Palabra y que le anime a través de otros Cristianos para que pueda vivir como Jesucristo y sea protegido del desánimo y las distracciones que regularmente confronta.

Principios Bíblicos acerca de Andar en Jesucristo

✓ **Efesios 2:8-9** - La salvación es solo por fe, no por obras.

✓ **Hebreos 10:36** - El justo vive por la fe, pero Dios no se agrada de los que no tienen fe.

✓ **Hebreos 11:1-40** - Muchos han vivido por fe y han sido recompensados por Dios.

✓ **Romanos 16:17-18** - La doctrina equivocada y aquellos que la enseñan deben ser evitados.

✓ **I Corintios 1:29-31** - Jesucristo es suficiente para ser la sabiduría, la justicia, la santificación y la redención de cada Cristiano.

✓ **II Pedro 3:18** - Los Cristianos deben crecer en su conocimiento de Jesucristo.

✓ **I Corintios 3:9-15** - Los Cristianos construyen su vida sobre el fundamento de Jesucristo, y lo que construyen será probado por fuego en el cielo.

✓ **II Timoteo 3:14-17** - La Biblia fue dada por Dios con el propósito de enseñar a los Cristianos cómo vivir una vida madura y llena de buenas obras.

✓ **Mateo 16:18-19** - Jesucristo es el fundador de la iglesia.

✓ **I Corintios 12:12-27** - Dios ha hecho que la iglesia local trabaje como un cuerpo; cada miembro es necesario y debe cuidar al otro.

✓ **Romanos 8:29** - Dios está obrando para conformar a cada Cristiano a la imagen de Jesucristo.

✓ **Efesios 4:20-24** - Aprender de Jesucristo le enseñará a cada Cristiano a despojarse de su viejo hombre y vestirse de su nuevo hombre en santidad.

✓ **Colosenses 3:17** - Todo lo que hace un Cristiano debe estar hecho con acción de gracias.

✓ **Hebreos 13:15** - Los Cristianos deben estar continuamente dando gracias a Dios.

✓ _____ - _____
_____

✓ _____ - _____
_____

✓ _____ - _____
_____

✓ _____ - _____
_____

✓ _____ - _____
_____

✓ _____ - _____
_____

✓ _____ - _____
_____

✓ _____ - _____
_____

Capitulo 2

Andar Digno
Andar Digno de Dios
Andar Digno del Señor
Andar Digno de Su Vocación Espiritual

I Tesalonicenses 2:10-12
11 así como también sabéis de qué modo,
como el padre a sus hijos,
exhortábamos y consolábamos a cada uno de vosotros,
12 y os encargábamos
que anduvieseis como es digno de Dios,
que os llamó a su reino y gloria.

Colosenses 1:9-14
9 Por lo cual también nosotros,
desde el día que lo oímos,
no cesamos de orar por vosotros,
y de pedir que seáis llenos del conocimiento de su voluntad
en toda sabiduría e inteligencia espiritual,
10 para que andéis como es digno del Señor,
agradándole en todo,
llevando fruto en toda buena obra,
y creciendo en el conocimiento de Dios;

Efesios 4:1-3
1 Yo pues, preso en el Señor,
os ruego que andéis como es digno
de la vocación con que fuisteis llamados,
2 con toda humildad y mansedumbre,
soportándoos con paciencia los unos a los otros en amor,
3 solícitos en guardar la unidad del Espíritu
en el vínculo de la paz;

Andar Digno
Andar Digno de Dios
Andar Digno del Señor
Andar Digno de Su Vocación Espiritual

I Tesalonicenses 2:10-12
Colosenses 1:9-14
Efesios 4:1-3

Instrucción Bíblica acerca de
Andar Digno

En tres ocasiones en el Nuevo Testamento, se instruye a los creyentes *"que andéis como es digno del Señor"* o a vivir una vida que refleje de manera realista el valor de alguien o algo (Colosenses 1:9-14, Efesios 4:1-4, I Tesalonicenses 2:10-12). Para cumplir con tal instrucción, primero debe reconocer el valor del objeto que debe reflejar, y luego determinar vivir de tal manera que el valor de la persona o del objeto no disminuya. *Andar digno es un estilo de vida que reconoce y refleja el valor de otra persona u objeto.* Como Cristiano, debe reconocer y reflejar el valor de Dios, del Señor Jesucristo y su vocación espiritual.

Andar Digno de Dios Padre
En I Tesalonicenses 2:10-12, el apóstol Pablo amorosamente instruyó a los creyentes en Tesalónica que *"anduvieseis como es digno de Dios"* Pablo solo pudo pasar unas pocas semanas con los creyentes de Tesalónica antes de verse obligado a abandonar la ciudad debido a la persecución. Por eso, él no los estaba

corrigiendo, sino que *"como el padre a sus hijos,"* los *"exhortábamos y consolábamos"* (I Tesalonicenses 2:11). Luego les *"encargábamos"* o les enseñó cómo comenzar a vivir su nueva relación con Dios, su Padre celestial (I Tesalonicenses 2:11).

Los atributos, el carácter, la fuerza y la gloria de Dios el Padre tienen un valor que va más allá de la comprensión humana. En Job 9:10, Job testificó que Dios *"El hace cosas grandes e incomprensibles, y maravillosas, sin número."* En el Salmo 29:1-2, el rey David alabó a Dios diciendo, *"Tributad a Jehová, oh hijos de los poderosos, Dad a Jehová la gloria y el poder. Dad a Jehová la gloria debida a su nombre; Adorad a Jehová en la hermosura de la santidad."* En Apocalipsis 4:8-11, el apóstol Juan registró que los seres celestiales alaban a Dios mientras *"Y los cuatro seres vivientes tenían cada uno seis alas...y no cesaban día y noche de decir: Santo, santo, santo es el Señor Dios Todopoderoso, el que era, el que es, y el que ha de venir. Y siempre que aquellos seres vivientes dan gloria y honra y acción de gracias al que está sentado en el trono, al que vive por los siglos de los siglos, los veinticuatro ancianos se postran delante del que está sentado en el trono, y adoran al que vive por los siglos de los siglos, y echan sus coronas delante del trono, diciendo: Señor, digno eres de recibir la gloria y la honra y el poder; porque tú creaste todas las cosas, y por tu voluntad existen y fueron creadas."* El valor de Dios no tiene cálculo humano, sin embargo, los Cristianos deben andar dignos de Su valor reflejándolo en su vida diaria.

Aunque la tarea de andar digno de Dios puede parecer imposible, no es más imposible que un niño pequeño tratando de crecer para ser como su papá imitando su ejemplo. Pablo animó a los creyentes de Tesalónica a recordar su ejemplo de vida piadosa al decir, *"Vosotros sois testigos, y Dios también, de cuán santa, justa e irreprensiblemente nos comportamos con vosotros los creyentes"* (I Tesalonicenses 2:10). Pablo era un pecador salvado por la gracia de Dios, tal como usted. Sin embargo, debido a que valoraba a Dios como su Padre celestial, se comportó de tal manera que la santidad, la justicia y la irreprensibilidad de Dios se reflejaron en sus actividades diarias. El apóstol Pedro lo dijo de esta manera, *"Como hijos obedientes, no os conforméis a los deseos que antes teníais estando en vuestra ignorancia; sino, como aquel que os llamó es santo, sed también vosotros santos en toda vuestra manera de vivir; porque escrito está: Sed santos, porque yo soy santo"* (I Pedro 1:14-16). Por lo tanto, si usted, como los creyentes en Tesalónica, va a andar como es digno de Dios, debe separarse deliberadamente de las actitudes y acciones pecaminosas que sabe que son en contra de la semejanza de su Padre celestial.

Pablo siguió con su instrucción a los creyentes de Tesalonicenses motivándolos y a usted a andar digno de Dios, porque Él *"os llamó a su reino y gloria"* (I Tesalonicenses 2:12). Dios, en Su amor divino, escogió permitirle ser parte de Su reino eterno y disfrutar de Su gloria a través del evangelio de Jesucristo (Colosenses 1:13). Por esta razón, debe valorarlo naturalmente y desear reflejar Su valor en su estilo de vida. Pedro escribió, *"Mas vosotros sois linaje escogido, real sacerdocio, nación santa, pueblo adquirido por Dios, para que anunciéis las virtudes de aquel que os llamó de las tinieblas a su luz admirable; vosotros que en otro tiempo no erais pueblo, pero que ahora sois pueblo de Dios; que en otro tiempo no habíais alcanzado misericordia, pero ahora habéis alcanzado misericordia"* (I Pedro 2:9-10).

Andar Digno del Señor Jesucristo

En Colosenses 1:9-14, Pablo compartió su oración por los creyentes en la ciudad de Colosas. En el versículo nueve, oró para que fueran *"llenos del conocimiento de su voluntad"* para sus vidas. Luego, en el versículo diez, oró para que aplicaran en la práctica ese conocimiento, diciendo, *"para que andéis como es digno del Señor, agradándole en todo"* (Colosenses 1:10). Los creyentes en Colosenses habían expresado su fe en Jesucristo como su Salvador personal. Sin embargo, aún necesitaban comprometerse a reflejar a Jesucristo en sus actividades diarias para que Él estuviera complacido con los resultados. Usted debe hacer el mismo compromiso.

Pablo presentó cuatro maneras específicas en las que los creyentes pueden agradar a Jesucristo en su andar diario. Primero,

17

es por estar *"llevando fruto en toda buena obra"* (Colosenses 1:10). Aunque la salvación no viene por hacer buenas obras, Jesucristo *"se dio a sí mismo por nosotros para redimirnos de toda iniquidad y purificar para sí un pueblo propio, celoso de buenas obras"* (Tito 2:14). Cuando se compromete a hacer lo que sabe que es correcto según la Palabra de Dios, está agradando a Jesucristo y demostrando que está andando digno de Él.

Segundo, puede andar de una manera digna y agradable a Jesucristo al estar *"creciendo en el conocimiento de Dios"* (Colosenses 1:10). Jesús dijo, *"Y esta es la vida eterna: que te conozcan a ti, el único Dios verdadero, y a Jesucristo, a quien has enviado"* (Juan 17:3). Dios desea que comience a disfrutar los beneficios de su vida eterna mientras aún viva aquí en la tierra. En el cielo tendrá todo lo que necesite provisto por Dios, y lo mismo es cierto aquí en la tierra. Recuerde que en la lección uno, descubrimos que Pedro dijo, *"Gracia y paz os sean multiplicadas. Bendito el Dios y Padre de nuestro Señor Jesucristo, que según su grande misericordia nos hizo renacer para una esperanza viva, por la resurrección de Jesucristo de los muertos"* (II Pedro 1:2-3). Cuando se compromete a crecer en su conocimiento y relación con Dios Padre, está complaciendo a Jesucristo y demostrando que está andando digno de Él.

Tercero, puede andar de manera digna y agradable a Jesucristo cuando eres *"fortalecidos con todo poder, conforme a la potencia de su gloria, para toda paciencia y longanimidad"* (Colosenses 1:11). Jesús no espera que viva la vida cristiana en su propio poder. Sin embargo, Él ofrece gratuitamente Su poder suficiente para ayudarle con cada evento de la vida. Pablo, después de enfrentar muchas responsabilidades y pruebas, testificó que fue empoderado por Cristo, diciendo, *"Todo lo puedo en Cristo que me fortalece"* (Filipenses 4:13). Cuando se compromete a depender en Jesucristo para obtener la fuerza necesaria para realizar las tareas del día, encontrará una mayor paciencia con los demás, longanimidad en circunstancias adversas y gozo en el resultado (II Corintios 12:7-10). También le será agradable a Él mientras camina continuamente digno de Él.

Cuarto, usted puede caminar de manera digna y agradable a Jesucristo cuando está *"con gozo dando gracias al Padre que nos hizo aptos para participar de la herencia de los santos en luz"* (Colosenses 1:12). La vida en esta tierra tiene muchas desilusiones que pueden hacer que se desanime y se queje, pero cuando recuerda que su futura herencia de Dios, su Padre celestial, es *"incorruptible, incontaminada e inmarcesible, reservada en los cielos para vosotros"* debería ser lleno de gratitud y dirá, *"Bendito el Dios y Padre de nuestro Señor Jesucristo, que según su grande misericordia nos hizo renacer para una esperanza viva"* (I Pedro 1:3-5). Tal punto de vista no eliminará las desilusiones de esta vida, pero hará que su esperanza del cielo sea mucho más real y su acción de gracias a Dios mucho más profunda. Pedro dijo, *"Puesto que todas estas cosas han de ser deshechas, ¡cómo no debéis vosotros andar en santa y piadosa manera de vivir, esperando y apresurándoos para la venida del día de Dios, en el cual los cielos, encendiéndose, serán deshechos, y los elementos, siendo quemados, se fundirán! Pero nosotros esperamos, según sus promesas, cielos nuevos y tierra nueva, en los cuales mora la justicia"* (II Pedro 3:11-13). Cuando se compromete a darle gracias a Dios con regularidad por Su bendición de la eternidad en el cielo, está agradando a Jesucristo y andando correctamente en Él.

Andar Digno de Su Vocación Espiritual

En Efesios 4:1-4, Pablo rogó a los creyentes de Éfeso, diciendo, *"andéis como es digno de la vocación con que fuisteis llamados."* Al igual que con los creyentes en Tesalónica y Colosas, Pablo no los estaba regañando por hacer lo malo en el pasado, sino más bien alentándolos a hacer lo correcto en el futuro. Cuando Pablo comenzó su carta, les recordó a los creyentes el gran amor de Dios por ellos, diciendo, *"Bendito sea el Dios y Padre de nuestro Señor Jesucristo, que nos bendijo con toda bendición espiritual en los lugares celestiales en Cristo, según nos escogió en él antes de la fundación del mundo, para que fuésemos santos y sin mancha delante de él, en amor habiéndonos predestinado para ser adoptados hijos suyos por medio de Jesucristo, según el puro afecto de su voluntad, para alabanza de la gloria de su gracia, con la cual nos hizo aceptos en el Amado"* (Efesios 1:2-6). A cada creyente en Jesucristo se le da el privilegio distintivo de ser llamado un hijo de Dios. Juan lo dijo de esta manera, *"Mirad cuál amor nos ha dado el Padre, para que seamos llamados hijos de Dios; por esto el mundo no nos conoce, porque no le conoció a él. Amados, ahora somos hijos de Dios, y aún no se ha manifestado lo que hemos de ser; pero sabemos que cuando él se manifieste, seremos semejantes a él, porque le veremos tal como él es. Y todo aquel que tiene esta esperanza en él, se purifica a sí mismo, así como él es puro"* (I Juan 3:1-3, véase también Juan 1:10-13). Por tanto, andar como es digno de vuestra vocación espiritual es vivir como hijos de Dios.

Pablo explicó más adelante en Efesios 4:2 que andar digno de su vocación espiritual requiere cuatro atributos, diciendo, *"con toda humildad y mansedumbre, soportándoos con paciencia los unos a los otros en amor."* El primer y cuarto atributo de humildad y paciencia se refieren a su actitud. Debe verse a si mismo con humildad, y ver a los demás con paciencia, o tolerancia. Los atributos segundo y tercero de la mansedumbre y el soportar se refieren a sus acciones en función de sus actitudes. Debido a que se ve a si mismo en humildad, debe ser manso o no autoritario con los demás. Debido a que tiene paciencia, debe ser tolerante o estar dispuesto a soportar debido a las decisiones de los demás. Finalmente, todos estos atributos deben estar basados en el amor bíblico como se describe en I Corintios 13:1-8. Pablo explicó nuestro ejemplo de tal humildad y longanimidad en Romanos 15:1-3 diciendo, *"Así que, los que somos fuertes debemos soportar las flaquezas de los débiles, y no agradarnos a nosotros mismos. Cada uno de nosotros agrade a su prójimo en lo que es bueno, para edificación. Porque ni aun Cristo se agradó a sí mismo; antes bien, como está escrito: Los vituperios de los que te vituperaban, cayeron sobre mí."*

Pablo concluyó Efesios 4:3 declarando la meta de andar digno de su vocación espiritual como hijo de Dios, diciendo: *"solícitos en guardar la unidad del Espíritu en el vínculo de la paz"* Todo creyente es un hijo de Dios por la fe en Jesucristo, y el Espíritu Santo mora en él. Por lo tanto, debe trabajar para vivir en unidad dentro de la familia de Dios (Gálatas 4:4-6). Romanos 14:19 dice, "*Así que, sigamos lo que contribuye a la paz y a la mutua edificación.*" Colosenses 3:11-15 enseña que no hay distinción de personas en la familia de Dios, diciendo, "*donde no hay griego ni judío...siervo ni libre, sino que Cristo es el todo, y en todos. Vestíos, pues, como escogidos de Dios, santos y amados, de entrañable misericordia, de benignidad, de humildad, de mansedumbre, de paciencia; soportándoos unos a otros, y perdonándoos unos a otros si alguno tuviere queja contra otro. De la manera que Cristo os perdonó, así también hacedlo vosotros. Y sobre todas estas cosas vestíos de amor, que es el vínculo perfecto. Y la paz de Dios gobierne en vuestros corazones, a la que asimismo fuisteis llamados en un solo cuerpo; y sed agradecidos.*" Por lo tanto, debe andar de manera digna de su vocación espiritual, adorando y trabajando juntos con sus hermanos y hermanas espirituales mientras se esfuerzan con humildad y paciencia por la unidad pacífica en obediencia a la Palabra de Dios.

Andar Digno Es una Elección Personal

El Nuevo Testamento enseña que como creyente debe andar dignamente, valorando y representando todo lo que ha recibido a través de su salvación. ¿Se comprometerá a andar como es digno de Dios Padre al separarse del pecado? ¿Se comprometerá a andar como es digno del Señor Jesucristo, siendo fructífero en buenas obras, creciendo en el conocimiento de Dios Padre, dependiendo de la fuerza diaria de Jesucristo y dando gracias a Dios regularmente por su herencia celestial? ¿Se comprometerá a andar de manera digna de su vocación espiritual viviendo en unidad pacífica con sus hermanos y hermanas espirituales en la familia de Dios? Si está luchando en alguna de las áreas anteriores, ¿por qué no comparte su necesidad con Dios en oración ahora mismo y le pide que le perdone cualquier pecado, que le guíe por Su Palabra y que le anime a través de otros Cristianos para que pueda empezar a andar digno de Dios

Padre, del Señor Jesucristo y de la vocación a la que ha sido llamado como hijo de Dios?

Principios Bíblicos acerca de
Andar Digno

✓ **Mateo 5:48** - Los Cristianos están llamados a ser "perfectos" como hijos de Dios.

✓ **Tito 2:7-8** - Los líderes espirituales deben servir como ejemplo de cómo vivir una vida piadosa.

✓ **II Corintios 6:17-7:1** - Dios promete a los Cristianos su presencia paternal cuando se apartan del pecado.

✓ **Apocalipsis 5:11-14** - Jesucristo es digno de recibir toda la gloria de toda la creación, tanto en el cielo como en la tierra.

✓ **Mateo 10:37-39** - Ser digno de Jesucristo requiere amarlo sobre todas las relaciones y posesiones terrenales.

✓ **II Tesalonicenses 1:11-12** - Los Cristianos deben vivir dignos de su llamado espiritual y del nombre de Jesucristo.

✓ **Tito 3:8** - Los Cristianos deben tener cuidado de hacer buenas obras.

✓ **II Corintios 4:6** - Los Cristianos conocen mejor a Dios el Padre al conocer mejor a Jesucristo.

✓ **Efesios 6:10-18** - A los Cristianos se les ordena depender del poder de Jesucristo al ponerse la armadura de Dios.

✓ **Mateo 6:19-21** - Los Cristianos deben acumular tesoros eternos en el cielo como herencia en lugar de preocuparse por las cosas temporales de este mundo.

✓ **Filipenses 2:1- 11** - Los Cristianos deben seguir el ejemplo de humildad y sacrificio de Jesucristo para producir unidad y paz.

✓ **Romanos 12:16-18** - Los Cristianos deben trabajar por la paz con los demás.

✓ **Mateo 6:14-15** - Dios no perdonará a los Cristianos que no perdonan.

✓ **I Corintios 12:12-27** - Los Cristianos deben estar unidos como cuerpo en la iglesia local.

✓ _____ - _____
_____

✓ _____ - _____
_____

✓ _____ - _____
_____

✓ _____ - _____
_____

✓ _____ - _____
_____

✓ _____ - _____
_____

✓ _____ - _____
_____

✓ _____ - _____
_____

Capítulo 3

Andar en Vida Nueva
Andar Como una Nueva Creación

Romanos 6:1-14
1 ¿Qué, pues, diremos?
¿Perseveraremos en el pecado
para que la gracia abunde?
2 En ninguna manera.
Porque los que hemos muerto al pecado,
¿cómo viviremos aún en él?
3 ¿O no sabéis que todos los que
hemos sido bautizados en Cristo Jesús,
hemos sido bautizados en su muerte?
4 Porque somos sepultados juntamente con él
para muerte por el bautismo,
a fin de que como Cristo resucitó
de los muertos por la gloria del Padre,
así también nosotros andemos en vida nueva.
5 Porque si fuimos plantados juntamente con él
en la semejanza de su muerte,
así también lo seremos en la de su resurrección;
6 sabiendo esto, que nuestro viejo hombre
fue crucificado juntamente con él,
para que el cuerpo del pecado sea destruido,
a fin de que no sirvamos más al pecado.

Gálatas 6:14-16

14 Pero lejos esté de mí gloriarme,
sino en la cruz de nuestro Señor Jesucristo,
por quien el mundo me es crucificado a mí,
y yo al mundo.
15 Porque en Cristo Jesús
ni la circuncisión vale nada, ni la incircuncisión,
sino una nueva creación.
16 Y a todos los que anden
conforme a esta regla,
paz y misericordia sea a ellos,
y al Israel de Dios.

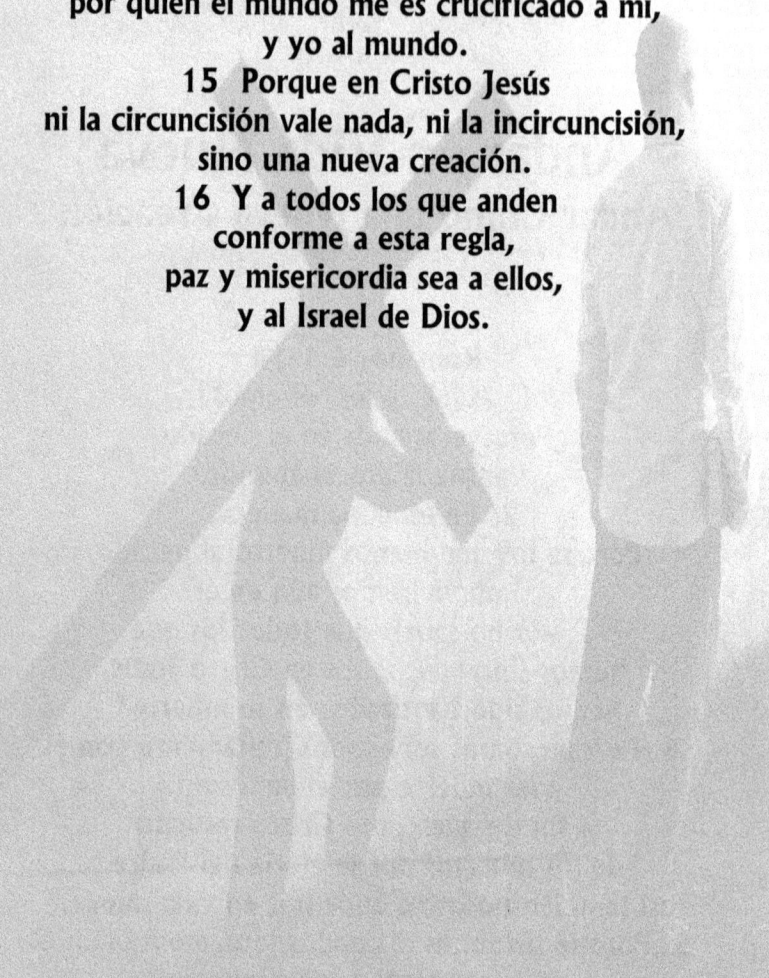

Andar en Vida Nueva
Andar Como una Nueva Creación

Romanos 6:1-14
Gálatas 6:14-16

Instrucción Bíblica acerca de
Andar en Vida Nueva

En Romanos 6:1-14, el apóstol Pablo reveló el significado práctico de identificarse con la muerte, sepultura, y resurrección de Jesucristo para salvación mientras respondía la pregunta lógica, *"¿Perseveraremos en el pecado para que la gracia abunde?"* Pablo había explicado previamente a los creyentes en Roma que la salvación provista por Jesucristo, se basa en la gracia de Dios, diciendo en parte, *"Justificados, pues, por la fe, tenemos paz para con Dios por medio de nuestro Señor Jesucristo; por quien también tenemos entrada por la fe a esta gracia en la cual estamos firmes, y nos gloriamos en la esperanza de la gloria de Dios"* (Romanos 5:1-2). Además, aseguró a los creyentes que la gracia de Dios era más que suficiente para perdonar todos sus pecados, diciendo, *"Pero la ley se introdujo para que el pecado abundase; mas cuando el pecado abundó, sobreabundó la gracia; para que así como el pecado reinó para muerte, así también la gracia reine por la justicia para vida eterna mediante Jesucristo, Señor nuestro"* (Romanos 5:20-21). Ahora que los creyentes sabían de la abundante gracia de Dios para perdonar el pecado, Pablo necesitaba confrontar la tentación humana de abusar de tal gracia al pecar más frecuentemente para experimentar la gracia de Dios con más regularidad. Su respuesta a esta lógica humana fue un enfático, *"En ninguna manera. Porque los que hemos muerto al pecado, ¿cómo viviremos aún en él?"* (Romanos 6:2). Más tarde añadió, *"así también nosotros andemos en vida nueva"* (Romanos 6:4). *Andar en vida nueva es un estilo de vida que muestra una libertad de la autoridad del pecado y una obediencia a la autoridad de la justicia para la gloria de Dios.*

Andar en Vida Nueva Requiere Identificarse con la Muerte, Sepultura, y Resurrección de Jesucristo

Después que Pablo eliminó cualquier duda de que los creyentes no deberían usar la gracia de Dios como excusa para pecar, explicó que todos los creyentes han sido liberados de la autoridad del pecado a través de su identificación con la muerte, sepultura y resurrección de Jesucristo en su salvación, él dijo, *"¿O no sabéis que todos los que hemos sido bautizados en Cristo Jesús, hemos sido bautizados en su muerte? Porque somos sepultados juntamente con él para muerte por el bautismo, a fin de que como Cristo resucitó de los muertos por la gloria del Padre, así también nosotros andemos en vida nueva"* (Romanos 6:3-4). Cuando usted puso su fe en Jesucristo como su Salvador personal, fue bautizado espiritualmente, o colocado en Jesucristo (Gálatas 3:26-27). Por tanto, a los ojos de Dios Padre, cuando Jesucristo murió en la cruz, usted murió con Él. Cuando Él fue sepultado en la tumba, usted fue sepultado con Él. Y cuando Él resucitó de entre los muertos al tercer día, también resucitó con Él (Colosenses 2:10-15). Entonces, *"como Cristo resucitó de los muertos por la gloria del Padre, así también nosotros andemos en vida nueva"* (Romanos 6:4). Como II Corintios 5:17 dice, *"De modo que si alguno está en Cristo, nueva criatura es; las cosas viejas pasaron; he aquí todas son hechas nuevas."* En Gálatas 6:14-16, Pablo declaró, *"Pero lejos esté de mí gloriarme, sino en la cruz de nuestro Señor Jesucristo, por quien el mundo me es crucificado a mí, y yo al mundo. Porque en Cristo Jesús ni la circuncisión vale nada, ni la incircuncisión, sino una nueva creación. Y a todos los que anden conforme a esta regla, paz y misericordia sea a ellos, y al Israel de Dios."* Dios Padre, en Su abundante gracia, le salvó de su pecado y le dio vida eterna a través de la cual puede disfrutar de Su paz y misericordia tanto aquí en la tierra como en el cielo por toda la eternidad.

Andar en Vida Nueva Rechaza la Autoridad del Pecado

En Romanos 6:6-7, Pablo explicó *"que nuestro viejo hombre fue crucificado juntamente con él, para que el cuerpo del pecado sea destruido, a fin de que no sirvamos más al pecado. Porque el que ha muerto, ha sido justificado del pecado."* Cuando confió en Jesucristo como su Salvador personal, su viejo hombre, o la tendencia de obedecer a la tentación que resultó en pecado, fue crucificado con Jesucristo (Santiago 1:13-15). Gálatas 5:24 dice: *"Pero los que son de Cristo han crucificado la carne con sus pasiones y deseos."* Su crucifixión en Jesucristo le ha liberado de la autoridad del pecado, permitiéndole elegir de caminar en un nuevo estilo de vida. Sin embargo, debe elegir *"Estad, pues, firmes en la libertad con que Cristo nos hizo libres, y no estéis otra vez sujetos al yugo de esclavitud"* (Gálatas 5:1). *"Porque vosotros, hermanos, a libertad fuisteis llamados; solamente que no uséis la libertad como ocasión para la carne, sino servíos por amor los unos a los otros"* (Gálatas 5:13).

En Efesios 4:22-24, Pablo, después de revelar la maldad del viejo hombreo, añadió, *"En cuanto a la pasada manera de vivir, despojaos del viejo hombre, que está viciado conforme a los deseos engañosos, y renovaos en el espíritu de vuestra mente, y vestíos del nuevo hombre, creado según Dios en la justicia y santidad de la verdad."* Su vieja forma de vivir según la autoridad del pecado le llevó a necesitar la salvación a través de la crucifixión de Jesucristo. Por lo tanto, es lógico que rechace la autoridad del pecado y acepte la autoridad de la justicia de Jesucristo en su nueva vida. Santiago 4:6-8 agrega, *"Pero él da mayor gracia. Por esto dice: Dios resiste a los soberbios, y da gracia a los humildes. Someteos, pues, a Dios; resistid al diablo, y huirá de vosotros. Acercaos a Dios, y él se acercará a vosotros. Pecadores, limpiad las manos; y vosotros los de doble ánimo, purificad vuestros corazones."* La gracia de Dios es suficiente, no solo para salvarle de sus pecados pasados sino también para protegerle de sus pecados, presentes y futuros. Pero debe buscar Su ayuda con humildad y determinación en su tiempo de tentación.

Andar en Vida Nueva Reconoce la Autoridad de la Justicia

Es una noticia maravillosa que haya sido liberado de la autoridad del pecado, pero hay una noticia aún más excelente. Debido a que murió espiritualmente con Jesucristo en la cruz, resucitó con Él es para que pueda, *"también viviremos con él"* (Romanos 6:8). Vivir con Jesucristo no comienza cuando usted llega al cielo. Como se estudió en el capítulo uno, usted puede vivir con Jesucristo hoy mismo.

En Romanos 6:9-10, Pablo explicó más, diciendo, *"sabiendo que Cristo, habiendo resucitado de los muertos, ya no muere; la muerte no se enseñorea más de él. Porque en cuanto murió, al pecado murió una vez por todas; mas en cuanto vive, para Dios vive."* Así como Jesucristo murió por los pecados del hombre y resucitó por el poder de Dios para vivir para la gloria de Dios, usted debe escoger vivir para Él en agradecimiento por todo lo que Su gracia le ha dado. Por esta razón, Pablo añadió, *"Así también vosotros consideraos muertos al pecado, pero vivos para Dios en Cristo Jesús, Señor nuestro. No reine, pues, el pecado en vuestro cuerpo mortal, de modo que lo obedezcáis en sus concupiscencias; ni tampoco presentéis vuestros miembros al pecado como instrumentos de iniquidad, sino presentaos vosotros mismos a Dios como vivos de entre los muertos, y vuestros miembros a Dios como instrumentos de justicia. Porque el pecado no se enseñoreará de vosotros; pues no estáis bajo la ley, sino bajo la gracia"* (Romanos 6:11-14). Cada día de su vida nueva en Jesucristo debe considerar, o creer como un hecho de Dios, que ha sido liberado de la autoridad del pecado, y puede vivir con Jesucristo bajo la autoridad de la justicia de Dios. El apóstol Juan reveló que *"Toda injusticia es pecado"* (I Juan 5:17, véase también I Juan 3:4). Por lo tanto, no puede disfrutar de andar en vida nueva con Jesucristo mientras vive en pecado. Debe elegir vivir una vida resucitada que imite la justicia de Jesucristo.

Andar en Vida Nueva Es una Elección Personal

Romanos 6:1-14 enseña que al identificarse con la muerte, sepultura y resurrección de Jesucristo para su salvación, se le ha dado una nueva vida de justicia con Jesucristo. ¿Se comprometerá a aceptar el perdón misericordioso de Dios por sus pecados pasados? ¿Se comprometerá a rechazar los pecados futuros, reconociendo que la tentación no tiene autoridad sobre usted? ¿Se comprometerá a vivir con Jesucristo en el poder de la resurrección, para hacer lo que Dios llama justo? Si está luchando en cualquiera de las áreas anteriores, ¿por qué no comparte su necesidad con Dios en oración ahora mismo y le pide que le perdone cualquier pecado, que le guíe por Su Palabra y que le anime a través de otros Cristianos para que pueda comenzar a andar en vida nueva?

Principios Bíblicos acerca de
Andar en Vida Nueva

✓ **Romanos 6:15-22** - Los Cristianos no deben servir al pecado porque son siervos de Dios.

✓ **II Corintios 5:14-17** - Los Cristianos deben vivir para Jesucristo debido a Su gran amor por ellos.

✓ **II Corintios 4:10-11** - Los Cristianos deben considerarse muertos a este mundo para que Jesucristo pueda vivir a través de ellos.

✓ **I Pedro 4:1-3** - Los Cristianos deben vivir según la voluntad de Dios en lugar de sus propios deseos.

✓ **II Timoteo 2:19-22** - Los Cristianos deben separarse del pecado porque se identifican con el nombre de Jesucristo.

✓ **I Corintios 6:19-20** - Los Cristianos han sido comprados por el sacrificio de Jesucristo y deben vivir para la gloria de Dios.

✓ **Romanos 12:1-2** - Los Cristianos deben presentarse como sacrificios vivos, santos a Dios.

✓ **Colosenses 3:1-10** - Los Cristianos deben desechar el viejo hombre y revestirse del nuevo hombre, que es a la imagen de Jesucristo.

✓ **II Corintios 13:4** - Los Cristianos deben vivir de acuerdo con el poder de resurrección de Dios.

✓ **I Pedro 2:21-25** - Jesucristo, siendo sin pecado, se sacrificó por el pecado del hombre para que todo Cristiano pueda vivir en justicia.

✓ _____ - _____
_____

✓ _____ - _____
_____

✓ _____ - _____
_____

✓ _____ - _____
_____

✓ _____ - _____
_____

✓ _____ - _____
_____

✓ _____ - _____
_____

✓ _____ - _____
_____

✓ _____ - _____
_____

✓ _____ - _____
_____

Capítulo 4

Andar en Buenas Obras

Efesios 2:8-10
8 Porque por gracia sois salvos
por medio de la fe;
y esto no de vosotros,
pues es don de Dios;
9 no por obras,
para que nadie se gloríe.
10 Porque somos hechura suya,
creados en Cristo Jesús para buenas obras,
las cuales Dios preparó de antemano
para que anduviésemos en ellas.

Capítulo 4

Andar en Buenas Obras

Efesios 2:8-10

Instrucción Bíblica acerca de Andar en Buenas Obras

En Efesios 2:8-9, el apóstol Pablo reveló una de las verdades más fundamentales acerca de la salvación bíblica, diciendo, *"Porque por gracia sois salvos por medio de la fe; y esto no de vosotros, pues es don de Dios; no por obras, para que nadie se gloríe."* Debido a la naturaleza pecaminosa del hombre, éste no puede ganar su salvación por sí mismo. En cambio, debe poner su fe en el don de la gracia de Dios por el sacrificio de Jesucristo en la cruz (I Pedro 3:18). Romanos 3:20 dice: *"ya que por las obras de la ley ningún ser humano será justificado delante de él; porque por medio de la ley es el conocimiento del pecado."* Romanos 3:28 agrega, *"Concluimos, pues, que el hombre es justificado por fe sin las obras de la ley."* No dude; la salvación es por la gracia de Dios, o por las obras del hombre; no puede ser por los dos (Romanos 11:6). La Biblia es clara que Dios proporciona la salvación a través de Jesucristo como un regalo gratuito que tiene que estar aceptado por fe y que ningún hombre, mujer o niño puede hacer suficientes buenas obras para ganar el cielo.

Después de establecer la verdad fundamental de que la salvación del hombre es un don de la gracia, dado por Dios y recibido solo por la fe, Pablo continuó en Efesios 2:10, diciendo, *"Porque somos hechura suya, creados en Cristo Jesús para buenas obras, las cuales Dios preparó de antemano para que anduviésemos en ellas."* En el momento de su salvación, Dios le hizo una *"nueva criatura...las cosas viejas pasaron; he aquí todas son hechas nuevas"* (II Corintios 5:17). Los planes de Dios Padre para su nueva vida no terminaron con perdonar sus pecados y darle la vida eterna. También ha tenido cuidado especial en recrearle con una habilidad que no poseía antes. En el pasado, no podía hacer ninguna obra verdaderamente buena. Puede haberle parecido a otros que usted era amable, perdonador, trabajador, etc., pero los ojos santos de Dios aún podían ver su pecaminosidad. *"Como está escrito: No hay justo, ni aun uno; No hay quien entienda, No hay quien busque a Dios. Todos se desviaron, a una se hicieron inútiles; No hay quien haga lo bueno, no hay ni siquiera uno"* (Romanos 3:10-12). Sus mejores obras siempre estaban por debajo de la santidad de Dios (Romanos 3:23). Sin embargo, Dios le cambió al recrearle completamente nuevo en su salvación. Aunque nunca podría haber ganado la salvación a través de buenas obras, ha sido recreado en Jesucristo por Dios el Padre con el propósito de hacer buenas obras. Jesucristo dijo, *"Así alumbre vuestra luz delante de los hombres, para que vean vuestras buenas obras, y glorifiquen a vuestro Padre que está en los cielos"* (Mateo 5:16). *Andar en buenas obras es un estilo de vida que elige hacer lo que Dios considera bueno de tal manera que Él reciba la gloria.*

Andar en Buenas Obras Cumple el Propósito que Dios Le Dio

Efesios 2:10 revela que Dios el Padre, el Creador perfecto, cuidadosamente le recreó para hacer buenas obras, diciendo: *"Porque somos hechura suya, creados en Cristo Jesús para buenas obras, las cuales Dios preparó de antemano para que anduviésemos en ellas."* Aunque antes de su salvación, quizás haya dudado del propósito de su vida, es después de su salvación que Dios ha dejado muy claro su propósito: debe hacer buenas obras. Más específicamente, Romanos 8:29 dice, *"Porque a los que antes conoció, también los predestinó para que fuesen hechos conformes a la imagen de su Hijo..."* Dios le ha salvado de sus pecados para que pueda empezar a vivir como vivió Jesús, lleno de buenas obras.

En Filipenses 1:6, la Biblia reconoce que en el momento de su salvación, Dios comenzó a hacer una obra en su vida que continuará cumpliendo hasta que llegue al cielo, diciendo, *"el que comenzó en vosotros la buena obra, la perfeccionará hasta el día de Jesucristo"* Sin embargo, Dios no le obligará a hacer lo que no quiere, así como no le obligó a aceptar Su salvación. En cambio, Filipenses 2:13 dice que Él obrará dentro de sus deseos, animándole a querer lo que Él sabe que es mejor para usted, cuando dice, *"porque Dios es el que en vosotros produce así el querer como el hacer, por su buena voluntad."* Hebreos 13:20-21 explica aún más, diciendo, *"Y el Dios de paz que resucitó de los muertos a nuestro Señor Jesucristo, el gran pastor de las ovejas, por la sangre del pacto eterno, os haga aptos en toda obra buena para que hagáis su voluntad, haciendo él en vosotros lo que es agradable delante de él por Jesucristo; al cual sea la gloria por los siglos de los siglos. Amén."*

Los cambios que se deben hacer en su vida no se pueden hacer en su propio poder. Antes de ser salvo vivía en su propio poder, resultando en pecado y dolor. Si intenta vivir su nueva vida de acuerdo con su propio poder, también traerá pecado y dolor. Sin embargo, la gracia que le salvó de sus pecados es la misma gracia que Dios le ofrece para ayudarle a vivir su nueva vida en Jesucristo y producir buenas obras en lugar de malas obras. II Corintios 9:8 promete que *"poderoso es Dios para hacer que abunde en vosotros toda gracia, a fin de que, teniendo siempre en todas las cosas todo lo suficiente, abundéis para toda buena obra."* La gracia de Dios es abundante. Es más que suficiente para ayudarle no solo a hacer algunas buenas obras de vez en cuando, sino a abundar en *"toda buena obra"* que Dios desea que haga (II Corintios 9:8).

Pero hay más; Dios le ha dado dos recursos espirituales para guiarle y animarle a hacer buenas obras. Primero, en II Timoteo 3:16-17, la Biblia dice, *"Toda la Escritura es inspirada por Dios, y útil para enseñar, para redargüir, para corregir, para instruir en justicia, a fin de que el hombre de Dios sea perfecto, enteramente preparado para toda buena obra"* Dios le ha provisto un manual de instrucciones llamado la Biblia que le enseña cómo hacer buenas obras después de su salvación. A medida que la lea personalmente y escuche lo que se enseña públicamente con su corazón abierto para obedecerla, puede estar seguro de que la gracia de Dios lo preparará y le dará poder para hacer todas las buenas obras que Él ha planeado para todos y cada uno de los días de su vida. Segundo, en Hebreos 10:24-25 la Biblia dice, *"Y considerémonos unos a otros para estimularnos al amor y a las buenas obras; no dejando de congregarnos, como algunos tienen por costumbre, sino exhortándonos; y tanto más, cuanto veis que aquel día se acerca."* Dios le ha dado a usted un grupo de personas en su iglesia local para animarle a obedecer la Palabra de Dios. Al asistir regularmente a su iglesia local le permite ser animado y alentar a otros creyentes a obedecer la Palabra de Dios, para que todos puedan cumplir buenas obras ante el mundo perdido que lo rodea (Gálatas 6:10).

Andar en Buenas Obras Le Permite a Jesucristo Trabajar a través de Sus Actividades Diarias

Efesios 2:10 declara que en el momento de su salvación, fue *"creados en Cristo Jesús para buenas obras."* Tal afirmación no debería sorprenderle. Como se menciona en el capítulo tres, vuestro viejo hombre ha sido crucificado con Cristo, y ha resucitado con el poder de resurrección (Romanos 6:1-13). Tito 2:11-14 explica más, diciendo, *"Porque la gracia de Dios se ha manifestado para salvación a todos los hombres, enseñándonos que, renunciando a la impiedad y a los deseos mundanos, vivamos en este siglo sobria, justa y piadosamente, aguardando la esperanza bienaventurada y la manifestación gloriosa de nuestro gran Dios y Salvador Jesucristo, quien se dio a sí mismo por nosotros para redimirnos de toda iniquidad y purificar para sí un pueblo propio, celoso de buenas obras."* Jesucristo se sacrificó amablemente para salvarle y poder cambiar su vida entera de adentro hacia afuera. Mientras que su vida anterior puede ser descrita como *"insensatos, rebeldes, extraviados, esclavos de concupiscencias y deleites diversos, viviendo en malicia y envidia, aborrecibles, y aborreciéndonos unos a otros,"* ahora deben *"ocuparse en buenas obras"* al *"Que a nadie difamen…sino amables, mostrando toda mansedumbre para con todos los hombres*" (Tito 3:1-8). Jesús no le obliga a hacer buenas obras que glorifican a Dios. Más bien, Él desea que sea "*celoso*" para hacer buenas obras en aprecio por su salvación (Tito 2:14, vea también Lucas 7:36-50).

Así como la vida terrenal y el ministerio de Jesús estuvieron llenos de buenas obras, le debe permitir vivir a través de usted para producir buenas obras en todas sus actividades diarias (Gálatas 2:20). Jesús dijo en Juan 14:12, "*De cierto, de cierto os digo: El que en mí cree, las obras que yo hago, él las hará también; y aun mayores hará, porque yo voy al Padre.*" Hoy, en ausencia de Jesús, usted representa Sus obras viviendo según Su ejemplo. Debido a que Dios le ha dado "*la victoria por medio de nuestro Señor Jesucristo*" sobre el poder de las malas obras llenas de pecado, debe "*estad firmes y constantes, creciendo en la obra del Señor siempre, sabiendo que vuestro trabajo en el Señor no es en vano*" (I Corintios 15:57-58).

Andar en Buenas Obras Es una Elección Personal

La enseñanza del Nuevo Testamento sobre andar en buenas obras es muy clara. Ha sido salvado de sus viejas obras pecaminosas por la gracia de Dios, y Él le ha recreado en Jesucristo con el propósito de hacer buenas obras. Sin embargo, la elección de hacer buenas obras es solo suya. ¿Se ha tomado el tiempo para considerar cómo debería cambiar su vida debido a la gracia de la salvación de Dios? ¿Está reflexionando regularmente e intentando seguir el ejemplo de buenas obras de Jesucristo? ¿Está confiando en la gracia de Dios para que le guíe y le dé poder para reemplazar sus hábitos pecaminosos con nuevos hábitos que honren a Dios? ¿Está aprendiendo regularmente de la Palabra de Dios para que sepa qué buenas obras Él quiere que haga? ¿Se reúne regularmente con otros creyentes para alentarlos y animarlos a obedecer la Palabra de Dios haciendo buenas obras? ¿En qué áreas de su vida no ha estado realizando buenas obras ? ¿Qué cambios debe hacer para abundar en buenas obras para la gloria de Dios?

Principios Bíblicos acerca de
Andar en Buenas Obras

✓ **Romanos 3:10-25** - Un Cristiano es salvo solo por la gracia de Dios, no por sus propias buenas obras.

✓ **I Pedro 2:11-12** - Las buenas obras de un Cristiano deben producir la gloria para Dios.

✓ **I Timoteo 5:24-25** - Las buenas obras de un Cristiano pueden estar escondidas por un tiempo, pero serán reveladas en el tiempo de Dios.

✓ **II Timoteo 2:19-21** - Los Cristianos deben quitar de su vida las obras deshonrosas de iniquidad para que sean instrumentos limpios y estén listos para hacer buenas obras.

✓ **Santiago 2:14-26** - Las buenas obras de un Cristiano son evidencia de su fe en Jesucristo como su Salvador personal.

✓ **Colosenses 1:9-12** - Los Cristianos deben ser fructíferos en buenas obras.

✓ **II Tesalonicenses 2:16-17** - Dios el Padre establece a los Cristianos en las buenas obras.

✓ **Tito 2:7-8** - El liderazgo espiritual dentro de la iglesia local debe ser un ejemplo de hacer buenas obras.

✓ _____ - _____
_____

✓ _____ - _____
_____

✓ _____ - _____
_____

✓ _____ - _____
_____

✓ _____ - _____
_____

✓ _____ - _____
_____

✓ _____ - _____
_____

✓ _____ - _____
_____

✓ _____ - _____
_____

✓ _____ - _____
_____

✓ _____ - _____
_____

✓ _____ - _____
_____

✓ _____ - _____
_____

✓ _____ - _____
_____

Capítulo 5

Andar en la Luz
Andar en el Amor
Andar en la Verdad
Andar con Diligencia
Andar en los Mandamientos

Juan 8:12
12 Otra vez Jesús les habló, diciendo:
Yo soy la luz del mundo;
el que me sigue,
no andará en tinieblas,
sino que tendrá la luz de la vida.

Juan 12:35-47
35 Entonces Jesús les dijo:
Aún por un poco está la luz entre vosotros;
andad entre tanto que tenéis luz,
para que no os sorprendan las tinieblas;
porque el que anda en tinieblas, no sabe a dónde va.
36 Entre tanto que tenéis la luz,
creed en la luz,
para que seáis hijos de luz...

Romanos 13:12-14

12 La noche está avanzada, y se acerca el día.
Desechemos, pues, las obras de las tinieblas,
y vistámonos las armas de la luz.
13 Andemos como de día, honestamente;
no en glotonerías y borracheras,
no en lujurias y lascivias,
no en contiendas y envidia,

Romanos 14:1-23

15 Pero si por causa de la comida
tu hermano es contristado,
ya no andas conforme al amor.
No hagas que por la comida tuya
se pierda aquel por quien Cristo murió.

II Corintios 4:1-2

1 Por lo cual, teniendo nosotros este ministerio
según la misericordia que hemos recibido,
no desmayamos.
2 Antes bien renunciamos a lo oculto y vergonzoso,
no andando con astucia,
ni adulterando la palabra de Dios,
sino por la manifestación de la verdad
recomendándonos a toda conciencia humana
delante de Dios.

Efesios 5:1-16

1 Sed, pues, imitadores de Dios como hijos amados.
2 Y andad en amor, como también Cristo nos amó,
y se entregó a sí mismo por nosotros,
ofrenda y sacrificio a Dios en olor fragante.
8 Porque en otro tiempo erais tinieblas,
mas ahora sois luz en el Señor;
andad como hijos de luz
14 Por lo cual dice:
Despiértate, tú que duermes,
Y levántate de los muertos,
Y te alumbrará Cristo.
15 Mirad, pues, con diligencia cómo andéis,
no como necios sino como sabios,
16 aprovechando bien el tiempo,
porque los días son malos.

I Juan 1:5-9

5 Este es el mensaje que hemos oído de él,
y os anunciamos:
Dios es luz, y no hay ningunas tinieblas en él.
6 Si decimos que tenemos comunión con él,
y andamos en tinieblas,
mentimos, y no practicamos la verdad;
7 pero si andamos en luz, como él está en luz,
tenemos comunión unos con otros,
y la sangre de Jesucristo su Hijo nos limpia de todo pecado.

I Juan 2:7-11

11 Pero el que aborrece a su hermano está en tinieblas,
y anda en tinieblas, y no sabe a dónde va,
porque las tinieblas le han cegado los ojos.

II John 1:4-6

4 Mucho me regocijé porque he hallado
a algunos de tus hijos andando en la verdad,
conforme al mandamiento que recibimos del Padre.
5 Y ahora te ruego, señora,
no como escribiéndote un nuevo mandamiento,
sino el que hemos tenido desde el principio,
que nos amemos unos a otros.
6 Y este es el amor,
que andemos según sus mandamientos.
Este es el mandamiento:
que andéis en amor,
como vosotros habéis oído desde el principio.

III Juan 1:3-6

3 Pues mucho me regocijé cuando vinieron los hermanos
y dieron testimonio de tu verdad,
de cómo andas en la verdad.
4 No tengo yo mayor gozo que este,
el oír que mis hijos andan en la verdad.
5 Amado, fielmente te conduces
cuando prestas algún servicio a los hermanos,
especialmente a los desconocidos,
6 los cuales han dado ante la iglesia testimonio
de tu amor...

Capítulo 5

Andar en la Luz
Andar en el Amor
Andar en la Verdad
Andar con Diligencia
Andar en los Mandamientos

Juan 8:12, 12:35-47
Romanos 13:12-14, 14:1-23
II Corintios 4:1-2
Efesios 5:1-16
I Juan 1:5-9, 2:7-11
II Juan 4-6
III Juan 1:3-6

Instrucción Bíblica acerca de
Andar en la Luz

En Juan 8:12, mientras estaba de pie frente a una multitud, Jesucristo declaró audazmente, *"Yo soy la luz del mundo; el que me sigue, no andará en tinieblas, sino que tendrá la luz de la vida."* Jesús usó una ilustración simple para enseñar una verdad espiritual significativa. Su luz espiritual representa Su santa justicia, que produce vida espiritual, mientras que la oscuridad espiritual representa la injusticia pecaminosa del hombre, que produce la muerte espiritual. Habiendo venido como la luz del mundo, Jesucristo ofreció Su luz a todos aquellos que lo siguen para que Él pueda salvarlos de sus tinieblas (Juan 12:46). Poco tiempo después, una vez más, mientras estaba frente a una multitud, Jesús agregó,

"Aún por un poco está la luz entre vosotros; andad entre tanto que tenéis luz, para que no os sorprendan las tinieblas; porque el que anda en tinieblas, no sabe a dónde va. Entre tanto que tenéis la luz, creed en la luz, para que seáis hijos de luz" (Juan 12:35-36). Por lo tanto, en el momento en que creyó en Jesucristo para ser su Salvador personal, no solo fue hecho hijo de Dios, sino que también recibió la luz de justicia de Él y fue hecho hijo de luz (Juan 1:12). Cada hijo de la luz debe esforzarse por caminar en la luz de Dios a lo largo de cada una de sus actividades diarias.

En el Nuevo Testamento, ser un hijo obediente de Dios que anda en Su luz siempre requiere seguir el ejemplo de Jesús de hacer lo que es justo. Sin embargo, como los dos Grandes Mandamientos, andar en la luz requiere una relación adecuada ambos con Dios Padre y con los demás (Mateo 22:38-40). Además, el apóstol Juan relaciona andar en la luz con andar en la verdad y el amor. Primero, en II Juan 1:4, declaró que andar en la verdad es obedecer el mandamiento de Dios Padre, diciendo, *"Mucho me regocijé porque he hallado a algunos de tus hijos andando en la verdad, conforme al mandamiento que recibimos del Padre."* Luego explicó que el mandamiento de Dios es amar a los demás, diciendo, *"No como escribiéndote un nuevo mandamiento, sino el que hemos tenido desde el principio, que nos amemos unos a otros. Y este es el amor, que andemos según sus mandamientos. Este es el mandamiento: que andéis en amor, como vosotros habéis oído desde el principio"* (II Juan 1:5-6). Finalmente, en I Juan 2:9-11, declaró, *"El que dice que está en la luz, y aborrece a su hermano, está todavía en tinieblas. El que ama a su hermano, permanece en la luz, y en él no hay tropiezo. Pero el que aborrece a su hermano está en tinieblas, y anda en tinieblas, y no sabe a dónde va, porque las tinieblas le han cegado los ojos." Andar en la luz es un estilo de vida que está de acuerdo con la justicia de Jesús mientras mantener una relación adecuada con Dios Padre al andar en Su verdad y una relación adecuada con los demás al andar en amor.*

Andar en la Luz a través de la Comunión con Dios Padre

Mientras Jesús estuvo en la tierra, Él fue la luz espiritual, enviada desde el cielo por Dios el Padre, para iluminar este mundo oscurecido por el pecado (Juan 1:1-13, 9:5). Sin embargo, la Biblia registra que aunque Jesús vino a compartir Su luz con todo el mundo, *"los hombres amaron más las tinieblas que la luz, porque sus obras eran malas. Porque todo aquel que hace lo malo, aborrece la luz y no viene a la luz, para que sus obras no sean reprendidas. Mas el que practica la verdad viene a la luz, para que sea manifiesto que sus obras son hechas en Dios"* (Juan 3:19-21). Aquellos que desean tener comunión con Dios Padre tienen que vivir en la luz de Jesús permitiendo que sus obras sean reprobadas y limpiadas por Su verdad. I Juan 1:5-7 dice, *"Este es el mensaje que hemos oído de él, y os anunciamos: Dios es luz, y no hay ningunas tinieblas en él. Si decimos que tenemos comunión con él, y andamos en tinieblas, mentimos, y no practicamos la verdad; pero si andamos en luz, como él está en luz, tenemos comunión unos con otros, y la sangre de Jesucristo su Hijo nos limpia de todo pecado."* Para disfrutar la comunión diaria con Dios el Padre, tiene que estar dispuesto a permitir que la luz de Su verdad penetre en sus actividades diarias para revelar y luego eliminar esas cosas que Dios llama pecado.

En II Corintios 4:1-2, Pablo, al describir su ministerio para Dios y para los demás, dijo, *"Por lo cual, teniendo nosotros este ministerio según la misericordia que hemos recibido, no desmayamos. Antes bien renunciamos a lo oculto y vergonzoso, no andando con astucia, ni adulterando la palabra de Dios, sino por la manifestación de la verdad recomendándonos a toda conciencia humana delante de Dios."* Pablo se había comprometido a no involucrarse en ninguna enseñanza o acción que no fuera conforme a la verdad de Dios. Desafió a los creyentes en Roma a hacer lo mismo: *"La noche está avanzada, y se acerca el día. Desechemos, pues, las obras de las tinieblas, y vistámonos las armas de la luz. Andemos como de día, honestamente; no en glotonerías y borracheras, no en lujurias y lascivias, no en contiendas y envidia, sino vestíos del Señor Jesucristo, y no proveáis para los deseos de la carne*" (Romanos 13:12-14). Vivir de acuerdo con la filosofía del mundo y los deseos de la carne nos aleja de la luz de la Palabra de Dios y nos lleva al pecado.

Debido al peligro del pecado y su oscuridad, Pablo dijo a los creyentes en Corinto, *"No os unáis en yugo desigual con los incrédulos; porque ¿qué compañerismo tiene la justicia con la injusticia? ¿Y qué comunión la luz con las tinieblas? ¿Y qué concordia Cristo con Belial? ¿O qué parte el creyente con el incrédulo? ¿Y qué acuerdo hay entre el templo de Dios y los ídolos? Porque vosotros sois el templo del Dios viviente, como Dios dijo: Habitaré y andaré entre ellos, Y seré su Dios, Y ellos serán mi pueblo. Por lo cual, Salid de en medio de ellos, y apartaos, dice el Señor, Y no toquéis lo inmundo; Y yo os recibiré, y seré para vosotros por Padre, Y vosotros me seréis hijos e hijas, dice el Señor Todopoderoso"* (II Corintios 6:14-18). Dios el Padre sabe lo preciosas que son para usted las relaciones terrenales, pero también sabe lo dañinas que pueden ser si esas relaciones le llevan a las tinieblas de la injusticia. Por lo tanto, Él promete que si usted se separa de esas relaciones que le llevarían al pecado, Él le recompensará con una relación más cercana a Él como su Abba celestial o Papi. Dios el Padre no quiere que esté sin relacionaras, sino desea que tenga el tipo correcto de relaciones que serán guiadas por Su luz justa.

Cuando confió en Jesucristo como su Salvador personal, fue hecho hijo de Dios, o hijo de la luz, pero tiene que elegir en vivir diariamente para que la luz de Dios se revele a través de sus acciones (Juan 12:35-36). Mientras animaba a los creyentes en Éfeso a rechazar la oscuridad del pecado en sus vidas, Pablo dijo, *"Porque en otro tiempo erais tinieblas, mas ahora sois luz en el Señor; andad como hijos de luz...comprobando lo que es agradable al Señor...Por lo cual dice: Despiértate, tú que duermes, Y levántate de los muertos, Y te alumbrará Cristo. Mirad, pues, con diligencia cómo andéis, no como necios sino como sabios, aprovechando bien el tiempo, porque los días son malos"* (Efesios 5:8-16). Mientras Jesús estuvo en la tierra, Él dijo, *"luz soy del mundo"* (Juan 9:5). Sin embargo, ahora que Él ha ascendido al cielo, Mateo

5:14-16 dice, *"Vosotros sois la luz del mundo; una ciudad asentada sobre un monte no se puede esconder. Ni se enciende una luz y se pone debajo de un almud, sino sobre el candelero, y alumbra a todos los que están en casa. Así alumbre vuestra luz delante de los hombres, para que vean vuestras buenas obras, y glorifiquen a vuestro Padre que está en los cielos."* Jesús le ha dado Su luz de vida justa para que pueda representar a Dios como su Padre ante el mundo oscuro que le rodea a través de sus actividades justas. Por lo tanto, andar en la luz incluye vivir en comunión con Dios para que Su luz pueda brillar a través de usted para darle la gloria a Él.

Andar en la Luz a través de la Comunión con los Demás

En Efesios 5:8, Pablo mandó a los creyentes a *"andad como hijos de luz."* Antes en el versículos uno y dos él les mandó que *"Sed, pues, imitadores de Dios como hijos amados. Y andad en amor, como también Cristo nos amó, y se entregó a sí mismo por nosotros, ofrenda y sacrificio a Dios en olor fragante."* Jesús ha mostró Su amor por usted al sacrificarse desinteresadamente para pagar por sus pecados. Por lo tanto, después de recibir Su regalo de amor, ser un hijo de la luz, y después reflejar Su justicia, debe estar dispuesto a amar a los que le rodean.

Pablo luego reveló en parte cómo su andar en amor lo guiará a andar en la luz, diciendo, *"Pero fornicación y toda inmundicia, o avaricia, ni aun se nombre entre vosotros, como conviene a santos; ni palabras deshonestas, ni necedades, ni truhanerías, que no convienen, sino antes bien acciones de gracias"* (Efesios 5:3-4). Amar a los demás como Cristo le ha amado le impedirá pecar con ellos o contra ellos. Romanos 13:10 explica, *"El amor no hace mal al prójimo; así que el cumplimiento de la ley es el amor."* Romanos 14:13-15 agrega, *"Así que, ya no nos juzguemos más los unos a los otros, sino más bien decidid no poner tropiezo u ocasión de caer al hermano...Pero si por causa de la comida tu hermano es contristado, ya no andas conforme al amor. No hagas que por la comida tuya se pierda aquel por quien Cristo murió."* En la iglesia primitiva, había conflictos sobre qué carne se podía comer debido a las tradiciones Judías. Algunos creyentes pensaron que solo podían comer carne aprobada por la ley de Moisés, mientras que otros entendieron que tales reglas ya no se aplicaban. Pablo resolvió el problema enseñando que ninguna de las partes debe juzgar a la otra, sino que cada una debe buscar no ofender a la otra y así demostrar un amor semejante al de Cristo.

Como se mencionó en la introducción, Juan reveló en I Juan 2:9-11 que no amar a su hermano es igual a andar en tinieblas. Él dijo, *"El que dice que está en la luz, y aborrece a su hermano, está todavía en tinieblas. El que ama a su hermano, permanece en la luz, y en él no hay tropiezo. Pero el que aborrece a su hermano está en tinieblas, y anda en tinieblas, y no sabe a dónde va, porque las tinieblas le han cegado los ojos."* En II Juan 1:4-6, Juan explicó la conexión entre andar en la luz y andar en amor, diciendo, *"Mucho me regocijé porque he hallado a algunos de tus hijos andando en la verdad, conforme al mandamiento que recibimos del Padre. Y ahora te ruego, señora, no como escribiéndote un nuevo mandamiento, sino el que hemos tenido desde el principio, que nos amemos unos a otros. Y este es el amor, que andemos según sus mandamientos. Este es el mandamiento: que andéis en amor, como vosotros habéis oído desde el principio."* Andar en la luz es andar en la justicia de Jesucristo basado en la verdad de Dios Padre. Porque Dios le ordenó andar en amor con los que le rodean, está andando en la luz cuando obedece el mandamiento de Dios y ama como Dios le ha amado. Pero Juan no termina mandando a los creyentes a andar en amor para que anden en la luz. En III Juan 1:4-6 elogió las acciones de amor que habían realizado mientras andaban en la verdad del mandamiento de Dios de amar. Él escribió, *"No tengo yo mayor gozo que este, el oír que mis hijos andan en la verdad. Amado, fielmente te conduces cuando prestas algún servicio a los hermanos, especialmente a los desconocidos, los cuales han dado ante la iglesia testimonio de tu amor; y harás bien en encaminarlos como es digno de su servicio a Dios, para que continúen su viaje"* (III Juan 1:4-6). Al dedicarse a andar en la luz amando a los demás, puede estar seguro de que *"Dios no es injusto para olvidar vuestra obra y el trabajo de amor que habéis mostrado hacia su nombre, habiendo servido a los santos y sirviéndoles aún"* (Hebreos 6:10).

Andar en la Luz Es una Elección Personal

La enseñanza del Nuevo Testamento sobre andar en la luz revela la maravillosa verdad de que usted es un hijo de la luz porque es un hijo de Dios a través de su fe en Jesucristo. Sin embargo, también le manda a que viva continuamente dentro de la luz de Dios, viviendo rectamente para mantener relaciones apropiadas con Dios el Padre y con los demás. ¿Está viviendo de acuerdo con las verdades de Dios al obedecer sus mandamientos? ¿Está siendo circunspecto en sus palabras, acciones y actitud? ¿Mantiene una relación adecuada con los demás amándolos como Jesús le amó? ¿Qué áreas de su vida se han oscurecido con el pecado porque no ha permitido que la luz de Dios guíe sus actitudes, acciones o palabras? ¿Qué cambios debe hacer en su vida para que pueda reflejar la luz de Dios en sus actividades diarias?

Principios Bíblicos acerca de Andar en la Luz

✓ **Juan 11:9-10** - Los que andan en tinieblas tropezarán y caerán.

✓ **Tesalonicenses 5:4-8** - Los Cristianos son hijos de la luz y no deben vivir como hijos de las tinieblas.

✓ **I Pedro 2:9-11** - Los Cristianos han sido llamados de las tinieblas del pecado a la luz de Dios y deben vivir como peregrinos en esta tierra.

✓ **Santiago 4:3** - La amistad con el mundo es contraria a la amistad con Dios.

✓ **Filipenses 2:15-16** - Los Cristianos deben vivir como luces siguiendo la Palabra de Dios en medio de la maldad del mundo.

✓ **Juan 17:13-18** - Los Cristianos no son del mundo y deben ser santificados por la Palabra de Dios, la Palabra de Verdad.

✓ **I Juan 2:15-17** - Los Cristianos no deben amar al mundo porque es temporal, sino que deben amar a Dios, quien es eterno.

✓ **Romanos 13:9-10** - Todos los mandamientos de Dios para las relaciones interpersonales se resumen en amar a los demás como a uno mismo.

✓ I Juan 3:14-18 - Los Cristianos deben amar a los demás como Dios los amó y se entregó a sí Mismo por ellos.

✓ _____ - _____

✓ _____ - _____

✓ _____ - _____

✓ _____ - _____

✓ _____ - _____

✓ _____ - _____

✓ _____ - _____

✓ _____ - _____

✓ _____ - _____

✓ _____ - _____

Capítulo 6

Andar en el Espíritu

Romanos 8:1-17
1 Ahora, pues, ninguna condenación hay
para los que están en Cristo Jesús,
los que no andan conforme a la carne,
sino conforme al Espíritu.
4 para que la justicia de la ley se cumpliese en nosotros,
que no andamos conforme a la carne,
sino conforme al Espíritu.

I Corintios 3:1-4
3 porque aún sois carnales;
pues habiendo entre vosotros celos,
contiendas y disensiones,
¿no sois carnales, y andáis como hombres?

II Corintios 10:1-7
2 ...como si anduviésemos según la carne.
3 Pues aunque andamos en la carne,
no militamos según la carne;
4 porque las armas de nuestra milicia no son carnales,
sino poderosas en Dios para la destrucción de fortalezas,

Gálatas 5:13-26

16 Digo, pues: Andad en el Espíritu,
y no satisfagáis los deseos de la carne.
24 Pero los que son de Cristo
han crucificado la carne con sus pasiones y deseos.
25 Si vivimos por el Espíritu,
andemos también por el Espíritu.

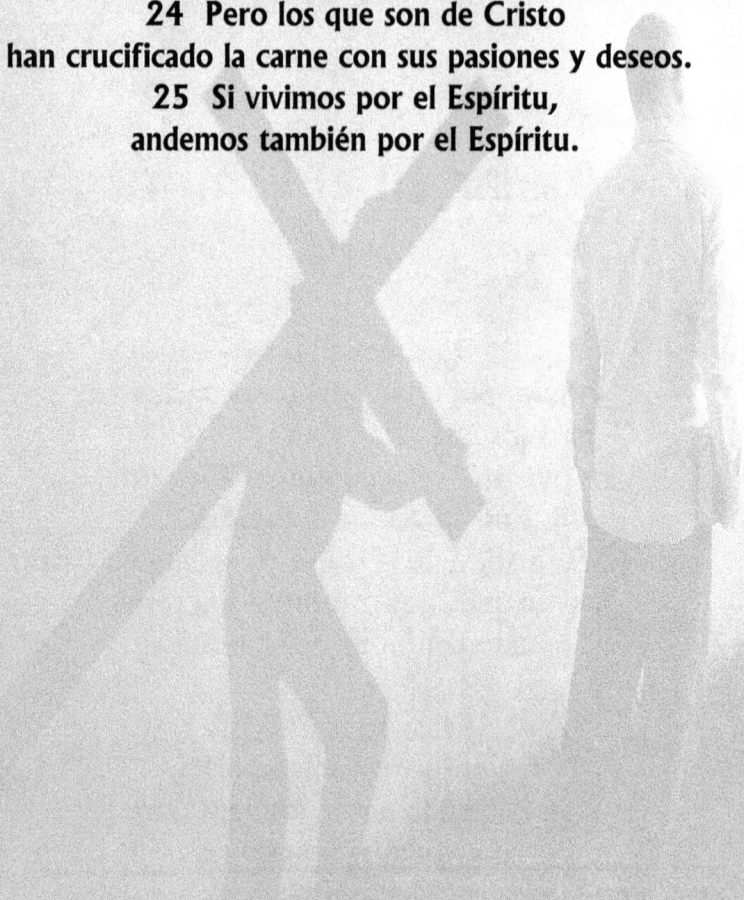

Capítulo 6

Andar en el Espíritu

Romanos 8:1-17
I Corintios 3:1-4
II Corintios 10:1-7
Gálatas 5:13-26

Instrucción Bíblica acerca de
Andar en el Espíritu

En Romanos 8:14-17, el apóstol Pablo reveló que a todos los hijos de Dios se les ha dado el privilegio de tener el Espíritu Santo morando en ellos, diciendo, *"Porque todos los que son guiados por el Espíritu de Dios, éstos son hijos de Dios. Pues no habéis recibido el espíritu de esclavitud para estar otra vez en temor, sino que habéis recibido el espíritu de adopción, por el cual clamamos: ¡Abba, Padre! El Espíritu mismo da testimonio a nuestro espíritu, de que somos hijos de Dios. Y si hijos, también herederos; herederos de Dios y coherederos con Cristo, si es que padecemos juntamente con él, para que juntamente con él seamos glorificados."* En el momento de su salvación usted recibió el Espíritu Santo con el propósito de asegurarle que Dios es su "Abba" o Papi, para guiarle y de capacitarle para vivir como un hijo obediente (Juan 14, 15, 16, Hechos 1:8).

En Romanos 8:1-4, Pablo declaró audazmente, *"Ahora, pues, ninguna condenación hay para los que están en Cristo Jesús, los que no andan conforme a la carne, sino conforme al Espíritu. Porque la ley del Espíritu de vida en Cristo Jesús me ha librado de la ley del pecado y de la muerte. Porque lo que era imposible para la ley, por cuanto era débil por la carne, Dios, enviando a su Hijo en semejanza de carne de pecado y a causa del pecado, condenó al pecado en la carne; para que la justicia de la ley se cumpliese en nosotros, que no andamos conforme a la carne, sino conforme al Espíritu.*" Como se descubrió en el capítulo tres, "Andar en Vida Nueva," usted ha sido liberado de la autoridad y la pena del pecado para que pueda vivir en obediencia a la justicia. En Romanos 8:5-8 Pablo explicó, diciendo, "*Porque los que son de la carne piensan en las cosas de la carne; pero los que son del Espíritu, en las cosas del Espíritu. Porque el ocuparse de la carne es muerte, pero el ocuparse del Espíritu es vida y paz. Por cuanto los designios de la carne son enemistad contra Dios; porque no se sujetan a la ley de Dios, ni tampoco pueden; y los que viven según la carne no pueden agradar a Dios.*" Vivir según los deseos de la carne, o en la carnalidad de la mente, siempre resultará en una vida de muerte y desesperación porque no le es agradable a Dios Padre. Pero vivir según la guía del Espíritu Santo siempre resultará en una vida bendecida y de paz personal porque le es agradable a Dios Padre.

Pablo aseguró a los creyentes en Roma que no tenían que temer la destrucción que produce una vida carnal al recordarles su nueva vida en Jesucristo, diciendo, "*Mas vosotros no vivís según la carne, sino según el Espíritu, si es que el Espíritu de Dios mora en vosotros. Y si alguno no tiene el Espíritu de Cristo, no es de él. Pero si Cristo está en vosotros, el cuerpo en verdad está muerto a causa del pecado, mas el espíritu vive a causa de la justicia. Y si el Espíritu de aquel que levantó de los muertos a Jesús mora en vosotros, el que levantó de los muertos a Cristo Jesús vivificará también vuestros cuerpos mortales por su Espíritu que mora en vosotros. Así que, hermanos, deudores somos, no a la carne, para que vivamos conforme a la carne; porque si vivís conforme a la carne, moriréis; mas si por el Espíritu hacéis morir las obras de la carne, viviréis.*" (Romanos 8:9-13). Aunque todavía vive en un cuerpo hecho de carne y sangre, Pablo reveló que su cuerpo ha sido vivificado por la morada del Espíritu Santo. Esto que significa que aunque su cuerpo estaba comprometido con el pecado antes de su salvación, en el momento en que se convirtió en un hijo de Dios, a su cuerpo se le dio poder de resurrección para rechazar los deseos de su carne y aceptar la dirección del Espíritu Santo. Ahora tienes la capacidad de elegir cómo vas a vivir: según la carne o según el Espíritu.

En II Corintios 10:2-6, Pablo, hablando de su propia vida y ministerio, dijo, "*ruego, pues, que cuando esté presente, no tenga que usar de aquella osadía con que estoy dispuesto a proceder resueltamente contra algunos que nos tienen como si anduviésemos según la carne. Pues aunque andamos en la carne, no militamos según la carne; porque las armas de nuestra milicia no son carnales, sino poderosas en Dios para la destrucción de fortalezas, derribando argumentos y toda altivez que se levanta contra el conocimiento de Dios, y llevando cautivo todo pensamiento a la obediencia a Cristo, y estando prontos para castigar toda desobediencia, cuando vuestra obediencia sea perfecta.*" Tenía claro que aunque todavía vivía en su cuerpo terrenal, no dependía de su carne para pelear sus batallas espirituales. Él dependía de la fuerza de Dios para eliminar aquellas cosas en su vida y ministerio que lo distraían a él y a quienes lo rodeaban de crecer en su conocimiento de Dios el Padre y de obedecer a Jesucristo. Tristemente, algunos de los creyentes en Corinto no estaban comprometidos a vivir de la misma manera, y Pablo tuvo que reprenderlos fuertemente, diciendo, "*De manera que yo, hermanos, no pude hablaros como a espirituales, sino como a carnales, como a niños en Cristo. Os di a beber leche, y no vianda; porque aún no erais capaces, ni sois capaces todavía, porque aún sois carnales; pues habiendo entre vosotros celos, contiendas y disensiones, ¿no sois carnales, y andáis como hombres? Porque diciendo el uno: Yo ciertamente soy de Pablo; y el otro: Yo soy de Apolos, ¿no sois carnales?*" (I Corintios 3:1-4). Si elige vivir de acuerdo a su carne, no crecerá espiritualmente y encontrará que su vida está llena de conflictos constantes. Ha sido salvado de ese tipo de vida. Dios ha perdonado sus pecados pasados y le ha dado la oportunidad de elegir separarse de sus viejos hábitos. *Andar en el Espíritu es un estilo de vida que rechaza los deseos pecaminosos de la carne al permitir que el Espíritu Santo guíe nuestras actitudes y acciones para hacer lo que agrada a Dios en cada actividad diaria.*

Andar en el Espíritu Requiere Rechazar las Obras de la Carne

En Gálatas 5:16-17, Pablo hizo una declaración universal, diciendo, *"Andad en el Espíritu, y no satisfagáis los deseos de la carne. Porque el deseo de la carne es contra el Espíritu, y el del Espíritu es contra la carne; y éstos se oponen entre sí, para que no hagáis lo que quisiereis."* Sin duda, andar en el Espíritu es exactamente lo contrario de andar en la carne. Los dos no se pueden lograr al mismo tiempo porque son enemigos. Por lo tanto, no puede estar siguiendo la guía del Espíritu Santo y confiando en Su poder mientras hace algo que es carnal o pecaminoso.

Pablo continuó proporcionando algunos ejemplos comunes de las obras de la carne. En Gálatas 5:19-21 escribió, *"Y manifiestas son las obras de la carne, que son: adulterio, fornicación, inmundicia, lascivia, idolatría, hechicerías, enemistades, pleitos, celos, iras, contiendas, disensiones, herejías, envidias, homicidios, borracheras, orgías, y cosas semejantes a estas; acerca de las cuales os amonesto, como ya os lo he dicho antes, que los que practican tales cosas no heredarán el reino de Dios."* La lista de pecados de Pablo son la razón por la cual la humanidad necesitaba la salvación de Jesucristo y son los mismos pecados de los que Dios le salvó (Efesios 2:1-5). Esta lista de pecados incluye pecados sexuales, pecados religiosos, pecados de actitud, pecados verbales, pecados sociales, *"y cosas semejantes a estas"* (Gálatas 5:21). Aunque esta lista de pecados es muy extensa, no incluye todos los pecados que la carne puede tentarle a cometer. Sin embargo, refleja los pecados que muchos creyentes intentan no cometer por sus propias fuerzas y fracasan.

En II Pedro 2:10-18, el apóstol Pedro, mientras advertía a los creyentes de la influencia de los falsos maestros, describió a los que andan en la carne como *"aquellos que, siguiendo la carne, andan en concupiscencia e inmundicia, y desprecian el señorío. Atrevidos y contumaces, no temen decir mal de las potestades superiores...hablando mal de cosas que no entienden...quienes aun mientras comen con vosotros, se recrean en sus errores. Tienen los ojos llenos de adulterio, no se sacian de pecar, seducen a las almas inconstantes, tienen el corazón habituado a la codicia, y son hijos de maldición. Han dejado el camino recto, y se han extraviado...hablando palabras infladas y vanas, seducen con concupiscencias de la carne y disoluciones.*" Aunque la descripción anterior es bastante grotesca y siempre lleva al juicio de Dios, Pedro lo tranquiliza diciendo, "*sabe el Señor librar de tentación a los piadosos*" (II Pedro 2:9).

Al depositar su fe en Jesucristo como su Salvador personal, usted ha sido liberado del poder de su carne y no está obligado a vivir de acuerdo con sus deseos. Pedro escribió, "*Amados, yo os ruego como a extranjeros y peregrinos, que os abstengáis de los deseos carnales que batallan contra el alma*" (I Pedro 2:11). Pablo añadió, "*Así que, amados, puesto que tenemos tales promesas, limpiémonos de toda contaminación de carne y de espíritu, perfeccionando la santidad en el temor de Dios*" (II Corintios 7:1). No necesita seguir los deseos de su carne, que le llevarán a cometer pecados de los que luego se arrepentirá. Más bien, la Biblia dice, "*sino vestíos del Señor Jesucristo, y no proveáis para los deseos de la carne*" (Romanos 13:14). Gálatas 5:24 declara que "*los que son de Cristo han crucificado la carne con sus pasiones y deseos.*" Usted, al recordar y confiar en el poder salvador de Jesucristo, puede rechazar la tentación y seguir la guía del Espíritu Santo para producir frutos de justicia.

Andar en el Espíritu Requiere Acepta la Guía del Espíritu Santo

En Gálatas 5:25, Pablo estaba escribiendo a los creyentes que habían sido habitados por el Espíritu Santo en el momento de su salvación (tal como lo han sido usted) y les dijo, "*Si vivimos por el Espíritu, andemos también por el Espíritu.*" Todo creyente vive en o bajo la influencia del Espíritu Santo, pero también debe optar por andar en comunión con el Espíritu, permitiéndole guiar sus actitudes y acciones cotidianas. Cuando el Espíritu Santo tiene tal influencia sobre la vida de un creyente, produce fruto espiritual que no puede ser producido por ninguna otra fuente. En Gálatas 5:22-23, Pablo enumeró el fruto del Espíritu como *"amor, gozo, paz, paciencia, benignidad, bondad, fe, mansedumbre, templanza"* Pablo luego declaró, *"contra tales cosas no hay ley"* porque *"es en toda bondad, justicia y verdad"* (Gálatas 5:22-23, Efesios 5:9). Aunque hay muchas leyes humanas para prevenir las obras de la carne mencionadas anteriormente, no hay ninguna ley humana que pueda impedir que el Espíritu Santo produzca Su fruto en su vida. Además, no existe una fuente humana que pueda proporcionarles completamente tal fruto. Debe de elegir en permitir que el Espíritu Santo produzca estas características en usted.

Se deben cultivar frutas físicas como manzanas o uvas. No se desarrollan por voluntad propia ni por fuerza propia; deben sembrarse como semillas y luego depender de un árbol o una vid para crecer. Lo mismo es cierto para el fruto del Espíritu. Gálatas 6:7-8 dice, *"No os engañéis; Dios no puede ser burlado: pues todo lo que el hombre sembrare, eso también segará. Porque el que siembra para su carne, de la carne segará corrupción; mas el que siembra para el Espíritu, del Espíritu segará vida eterna."* Sembrar para la carne implica enfocar la vida de uno en las cosas que la carne desea, mientras que sembrar para el Espíritu es enfocar la vida de uno en estar alrededor de las cosas que el Espíritu desea. En Juan 14:16-17, Jesucristo dijo, *"Y yo rogaré al Padre, y os dará otro Consolador, para que esté con vosotros para siempre: el Espíritu de verdad, al cual el mundo no puede recibir, porque no le ve, ni le conoce; pero vosotros le conocéis, porque mora con vosotros, y estará en vosotros."* También, Él dijo en Juan 15:26-27, *"Pero cuando venga el Consolador, a quien yo os enviaré del Padre, el Espíritu de verdad, el cual procede del Padre, él dará testimonio acerca de mí. Y vosotros daréis testimonio también, porque habéis estado conmigo desde el principio."* Finalmente, en Juan 16:13-14 dijo, *"Pero cuando venga el Espíritu de verdad, él os guiará a toda la verdad; porque no hablará por su propia cuenta, sino que hablará todo lo que oyere, y os hará saber las cosas que habrán de venir. El me glorificará; porque tomará de lo mío, y os lo hará saber."* Por tanto, según las promesas de Jesucristo, el Espíritu Santo tiene el ministerio especial de consolar a los creyentes enseñándoles la verdad de Dios y glorificando a Jesucristo (Hechos 9:31).

A medida que el Espíritu Santo le enseña acerca de Jesucristo, revela las verdaderas fuentes del *"amor, gozo, paz, paciencia, benignidad, bondad, fe, mansedumbre, templanza"* (Gálatas 5:22-23). Primero, Jesús enseñó el verdadero amor, diciendo, *"Nadie tiene mayor amor que este, que uno ponga su vida por sus amigos,"* lo que luego demostró personalmente cuando *"se dio a sí mismo en rescate por todos"* (Juan 15:13, I Timoteo 2:6). En segundo lugar, Jesús enseñó a Sus discípulos acerca del verdadero gozo cuando dijo, *"Estas cosas os he hablado, para que mi gozo esté en vosotros, y vuestro gozo sea cumplido* (Juan 15:11). Tercero, después de prometer el Espíritu Santo como Consolador, Jesús dijo, *"La paz os dejo, mi paz os doy; yo no os la doy como el mundo la da. No se turbe vuestro corazón, ni tenga miedo"* (Juan 14:27). Cuarto, Jesús demostró la verdadera paciencia como *"la paciencia de nuestro Señor es para salvación"* (II Pedro 3:15). Quinto, Dios el Padre mostró *"su gracia en su bondad [o mansedumbre] para con nosotros"* (Efesios 2:7). Sexto, Jesús fue llamado *"Maestro bueno"* y *"el cual no hizo pecado, ni se halló engaño en su boca"* demostrando así bondad (Marcos 10:17, I Pedro 2:22). Séptimo, Jesús es la fuente de nuestra fe, siendo llamado *"el autor y consumador de la fe"* (Hebreos 12:2). Octavo, Jesús se describió a sí mismo como manso cuando dijo, *"Venid a mí todos los que estáis trabajados y cargados, y yo os haré descansar. Llevad mi yugo sobre vosotros, y aprended de mí, que soy manso y humilde de corazón; y hallaréis descanso para vuestras almas; porque mi yugo es fácil, y ligera mi carga."* (Mateo 11:28-30). Finalmente, Jesús mostró una completa templanza, ya que pudo haber llamado a *"más de doce legiones de ángeles"* para rescatarlo de la cruz, pero eligió ser crucificado para salvarlo a usted de sus pecados (Mateo 26:53). pero en lugar de eso eligió ser crucificado para salvarte de tus pecados (Mateo 26:53). Por lo tanto, mientras camina en el Espíritu, Él le guiará a crecer en su conocimiento de la verdad de Dios acerca de Jesucristo para que Sus características comiencen a desarrollarse en su vida diaria.

Andar en el Espíritu Es una Elección Personal

La enseñanza del Nuevo Testamento sobre caminar en el Espíritu revela que el Espíritu Santo mora en usted en el momento de su fe en Jesucristo como su Salvador personal. También enseña que caminar en el Espíritu es un proceso de toda la vida mediante el cual rechaza las obras de la carne y permite que el Espíritu Santo desarrolle las características de Jesús en su vida. ¿Ha confiado en Jesucristo como su Salvador personal para que pueda disfrutar del consuelo continuo del Espíritu Santo? ¿Está rechazando constantemente el deseo carnal de vivir para su propio interés en lugar de vivir de acuerdo con la Palabra de Dios? ¿Está permitiendo que el Espíritu Santo desarrolle las nueve características de Jesucristo en usted al confrontar las diversas circunstancias de la vida? ¿Qué cambios necesita hacer para poder disfrutar del fruto del Espíritu Santo?

Principios Bíblicos acerca de Andar en el Espíritu

✓ **I Corintios 2:9-14** - El Espíritu Santo enseña a los Cristianos cosas que el mundo no puede entender.

✓ **Romanos 6:20-22** - El fruto de las obras pecaminosas de la carne produce vergüenza, pero el fruto de la justicia es santidad.

✓ **Romanos 7:1-25** - Jesucristo es la única solución para la batalla del hombre contra sus deseos carnales.

✓ **Efesios 4:17-32** - Los Cristianos deben caminar de manera diferente al mundo, despojándose del viejo hombre y revistiéndose del nuevo hombre, que aprenden de Jesús.

✓ **Colosenses 3:5-10** - Los Cristianos deben andar de manera diferente que antes de ser salvos al hacer morir sus deseos carnales y pecaminosos mientras se visten del nuevo hombre, que es hecho a la imagen de Jesucristo.

✓ **I Pedro 4:1-3** - Los Cristianos deben caminar de manera diferente a cuando no eran salvos y seguían los deseos de la carne.

✓ **Efesios 5:18-21** - Los Cristianos deben ser llenos del Espíritu Santo, permitiéndole controlar sus actitudes y acciones.

✓ _____ - _____
_____

✓ _____ - _____
_____

✓ _____ - _____
_____

✓ _____ - _____
_____

✓ _____ - _____
_____

✓ _____ - _____
_____

✓ _____ - _____
_____

✓ _____ - _____
_____

✓ _____ - _____
_____

✓ _____ - _____
_____

✓ _____ - _____
_____

✓ _____ - _____
_____

✓ _____ - _____
_____

✓ _____ - _____
_____

Capítulo 7

Andar Donde Está Llamado
Andar en el Temor del Señor
Andar Según el Evangelio

Hechos 9:31
31 Entonces las iglesias tenían paz
por toda Judea, Galilea y Samaria;
y eran edificadas,
andando en el temor del Señor,
y se acrecentaban fortalecidas por el Espíritu Santo.

I Corintios 7:10-24
17 Pero cada uno como el Señor le repartió,
y como Dios llamó a cada uno, así haga;
esto ordeno en todas las iglesias.
20 Cada uno en el estado en que fue llamado,
en él se quede.
24 Cada uno, hermanos,
en el estado en que fue llamado,
así permanezca para con Dios.

Gálatas 2:14-16
14 Pero cuando vi que no andaban rectamente
conforme a la verdad del evangelio,
dije a Pedro delante de todos:
Si tú, siendo judío,
vives como los gentiles y no como judío,
¿por qué obligas a los gentiles a judaizar?

Capítulo 7

Andar Donde Está Llamado
Andar en el Temor del Señor
Andar Según el Evangelio

Hechos 9:31
I Corintios 7:12-24
Gálatas 2:14-16

Instrucción Bíblica acerca de
Andar Donde Está Llamado

En I Corintios 7:17, el apóstol Pablo mandó a los creyentes en Corinto, diciendo, *"Pero cada uno como el Señor le repartió, y como Dios llamó a cada uno, así haga [o anda]; esto ordeno en todas las iglesias."* Anteriormente en su carta, les había informado que eran *"llamados a ser santos,"* siendo *"llamados a la comunión"* *"así judíos como griegos"* como *"hermanos,"* independientemente de su condición social (I Corintios 1:2, 9, 24, 26). Su llamado provino por su aceptación de Jesucristo como su Salvador, lo que los hizo a todos parte de la familia y del reino de la luz y santidad de Dios (Juan 1:12, I Juan 3: 1-3, I Pedro 2: 9-10). Sin embargo, eso no significaba que sus circunstancias terrenales cambiarían de inmediato. En I Corintios 7:10-24, Pablo da tres circunstancias generales en las que los creyentes deben elegir vivir en su nuevo llamado como santos: en su familia, en su la cultura y en su empleo.

En cada una de las circunstancias de la vida, Dios ordena a los creyentes que *"en el estado en que fue llamado, así permanezca para con Dios"* (I Corintios 7:20, 24). Aunque su estilo de vida debe ser claramente diferente a la que tuvo antes de su salvación, usted debe permitir que se lleven a cabo esos cambios mientras mantiene sus relaciones y responsabilidades establecidas siempre que éstas no violen la Palabra de Dios (I Corintios 5:9-11, Filipenses 2:15-16). Al hacerlo, se convertirá en un testimonio del amor y de la salvación de Dios para aquellos que aún necesitan aceptarlo por sí mismos. Aunque la iglesia primitiva sufrió una gran persecución, después de que Dios les dio la liberación, la Biblia registra que los creyentes mostraron un testimonio piadoso en sus comunidades, *"andando en el temor del Señor, y...fortalecidas por el Espíritu Santo,"* y el número de creyentes acrecentaba (Hechos 9:31). Jesucristo lo dijo de esta manera en Su Oración Sumo Sacerdotal, *"No ruego que los quites del mundo, sino que los guardes del mal"* (Juan 17:15). *Andar donde está llamado es un estilo de vida de piedad dentro de las relaciones y responsabilidades establecidas.*

Andar Donde Está Llamado en Su Familia

En I Corintios 7:12-17, Pablo se dirige a andar donde está llamado dentro del contexto de la familia. En los versículos diez y once, Pablo enseñó que las parejas salvas deben trabajar juntas para permanecer juntas, diciendo, *"Pero a los que están unidos en matrimonio, mando, no yo, sino el Señor: Que la mujer no se separe del marido; y si se separa, quédese sin casar, o reconcíliese con su marido; y que el marido no abandone a su mujer."* Luego continuó abordando la compleja pero realista circunstancia de que uno de los cónyuges se convierta en creyente y el otro siga siendo incrédulo. En este caso, Pablo dijo, *"Y a los demás yo digo, no el Señor: Si algún hermano tiene mujer que no sea creyente, y ella consiente en vivir con él, no la abandone. Y si una mujer tiene marido que no sea creyente, y él consiente en vivir con ella, no lo abandone...Pero si el incrédulo se separa, sepárese; pues no está el hermano o la hermana sujeto a servidumbre en semejante caso, sino que a paz nos llamó Dios"* (I Corintios 7:12-15). Por lo tanto, el cónyuge salvo siempre debe buscar permanecer en el lugar de su llamado, siendo casado, a menos que el cónyuge incrédulo elija lo contrario. Si el cónyuge incrédulo elige irse, el cónyuge salvo debe permitir que se vaya en paz.

Pablo proporcionó dos razones para permanecer dentro de un matrimonio, incluso cuando uno de los cónyuges sigue sin ser salvo. I Corintios 7:14-16 dice, *"Porque el marido incrédulo es santificado en la mujer, y la mujer incrédula en el marido... Porque ¿qué sabes tú, oh mujer, si quizá harás salvo a tu marido? ¿O qué sabes tú, oh marido, si quizá harás salva a tu mujer?"* Un cónyuge creyente que se mantiene dentro de su relación con un cónyuge no creyente, proporciona una influencia espiritual. El apóstol Pedro añadió más instrucciones al decir, *"Asimismo vosotras, mujeres, estad sujetas a vuestros maridos; para que también los que no creen a la palabra, sean ganados sin palabra por la conducta de sus esposas, considerando vuestra conducta casta y respetuosa. Vuestro atavío no sea el externo de peinados ostentosos, de adornos de oro o de vestidos lujosos, sino el interno, el del corazón, en el incorruptible ornato de un espíritu afable y apacible, que es de grande estima delante de Dios. Porque así también se ataviaban en otro tiempo aquellas santas mujeres que esperaban en Dios, estando sujetas a sus maridos; como Sara obedecía a Abraham, llamándole señor; de la cual vosotras habéis venido a ser hijas, si hacéis el bien, sin temer ninguna amenaza. Vosotros, maridos, igualmente, vivid con ellas sabiamente, dando honor a la mujer como a vaso más frágil, y como a coherederas de la gracia de la vida, para que vuestras oraciones no tengan estorbo"* (I Pedro 3:1-7). Cuando elige vivir como un hijo de Dios dentro de una familia que aún no conoce a Dios, brinda una oportunidad para que los miembros de su familia se arrepientan de sus pecados y se vuelvan a la fe y la obediencia a Dios. Sin embargo, es significativo notar que Pedro afirma que tal oportunidad no viene por debatir o exigir, sino por un estilo de vida piadoso, manso y amoroso.

También, Pablo instruyó a los creyentes a permanecer con su cónyuges incrédulos debido a la influencia espiritual que pueden tener sobre sus hijos. I Corintios 7:14 dice en parte, *"de otra manera vuestros hijos serían inmundos, mientras que ahora son santos."* Dios nunca desea que los niños se críen en un hogar roto, lo que a menudo produce resentimiento y rebelión. Por lo tanto, aunque su cónyuge creyente y un cónyuge incrédulo pueden abordar la crianza de los hijos de manera diferente, el creyente debe mantener pacíficamente su matrimonio para mantener su influencia espiritual sobre sus hijos para así que puedan convertirse en creyentes (Malaquías 2:14-16).

En I Corintios 7:17, Pablo concluyó mandando: *"Pero cada uno como el Señor le repartió, y como Dios llamó a cada uno, así haga"* Por tanto, debe considerar sus relaciones familiares como oportunidades para compartir el Evangelio de Jesucristo con los más cercanos a usted. No debe buscar escapar de sus circunstancias, sino más bien mantener un estilo de vida pacífico que honre a Dios, que represente Su santidad y amor para que su familia pueda sentirse atraída por Jesucristo y del cambio que Él puede hacer en sus vidas.

Andar Donde Está Llamado en Su Cultura

En I Corintios 7:18-20, Pablo continuó su instrucción acerca de dónde debe vivir un creyente como hijo de Dios, diciendo, *"¿Fue llamado alguno siendo circunciso? Quédese circunciso. ¿Fue llamado alguno siendo incircunciso? No se circuncide. La circuncisión nada es, y la incircuncisión nada es, sino el guardar los mandamientos de Dios. Cada uno en el estado en que fue llamado, en él se quede."* Aunque la circuncisión fue un acto religioso dado por Dios a Abraham para el pueblo judío, Jesucristo eliminó el requisito de la circuncisión, haciendo nuevas criaturas a todos aquellos que creen en Él para su salvación sin importar su origen (Romanos 3:29-30, Gálatas 5:6, 6:15, II Corintios 5:17). Sin embargo, la circuncisión era una marca tan distintiva entre las culturas judía y griega que Pablo tuvo que defender la cultura gentil (Griego) (I Corintios 1:22-24). En Gálatas 2:14-16 Pablo dijo, *"Pero cuando vi que no andaban rectamente conforme a la verdad del evangelio, dije a Pedro delante de todos: Si tú, siendo judío, vives como los gentiles y no como judío, ¿por qué obligas a los gentiles a judaizar? Nosotros, judíos de nacimiento, y no pecadores de entre los gentiles, sabiendo que el hombre no es justificado por las obras de la ley, sino por la fe de Jesucristo, nosotros también hemos creído en Jesucristo, para ser justificados por la fe de Cristo y no por las obras de la ley, por cuanto por las obras de la ley nadie será justificado.*" Por lo tanto, Pablo estaba instruyendo a los primeros creyentes a que ya no permitieran que sus diferencias culturales fueran un punto de separación sin importar el significado histórico.

La instrucción de Pablo sobre la eliminación de las distinciones culturales no fue una excusa para que los creyentes practiquen esas tradiciones que son claramente pecaminosas, ya que calificó su enseñanza diciendo, "*sino el guardar los mandamientos de Dios*" (I Corintios 7:19). En I Corintios 9:20-23, Pablo compartió su propio entendimiento y compromiso con las diferencias culturales cuando dijo: "*Me he hecho a los judíos como judío, para ganar a los judíos; a los que están sujetos a la ley (aunque yo no esté sujeto a la ley) como sujeto a la ley, para ganar a los que están sujetos a la ley; a los que están sin ley, como si yo estuviera sin ley (no estando yo sin ley de Dios, sino bajo la ley de Cristo), para ganar a los que están sin ley. Me he hecho débil a los débiles, para ganar a los débiles; a todos me he hecho de todo, para que de todos modos salve a algunos. Y esto hago por causa del evangelio, para hacerme copartícipe de él.*" Pablo estaba dispuesto a sacrificar su historia cultural de ser judío para entrar en otras circunstancias culturales para alcanzar a la gente con el Evangelio. Sin embargo, declaró específicamente que nunca sacrificó la "*ley de Dios,*" ya que siempre estuvo "*bajo la ley de Cristo*" (I Corintios 9:21). Debe estar dispuesto a usar sus circunstancias culturales para promover el Evangelio de Jesucristo. Por lo tanto, debe comprometerse a no honrar ni participar nunca en las actividades culturales que deshonran a Dios. Pero al mismo tiempo, debe participar con propósito en su cultura actual de manera que Dios no sea deshonrado para que pueda representarlo ante quienes le rodean.

Andar Donde Está Llamado en Su Empleo

En I Corintios 7:21-24 Pablo presentó su tercera circunstancia dentro de la cual los creyentes deberían estar representando a Jesucristo, diciendo: "*¿Fuiste llamado siendo esclavo? No te dé cuidado; pero también, si puedes hacerte libre, procúralo más.*"

Porque el que en el Señor fue llamado siendo esclavo, liberto es del Señor; asimismo el que fue llamado siendo libre, esclavo es de Cristo. Por precio fuisteis comprados; no os hagáis esclavos de los hombres. Cada uno, hermanos, en el estado en que fue llamado, así permanezca para con Dios." Aunque el empleo ha reemplazado a la servidumbre hoy en día, la instrucción de Pablo sigue siendo relevante. Cada creyente debe usar su lugar de empleo y una buena ética de trabajo para promover el nombre de Jesucristo. En Efesios 6:5-9, Pablo escribió tanto a los empleados como a los patrones, diciendo: "*Siervos, obedeced a vuestros amos terrenales con temor y temblor, con sencillez de vuestro corazón, como a Cristo; no sirviendo al ojo, como los que quieren agradar a los hombres, sino como siervos de Cristo, de corazón haciendo la voluntad de Dios; sirviendo de buena voluntad, como al Señor y no a los hombres, sabiendo que el bien que cada uno hiciere, ése recibirá del Señor, sea siervo o sea libre. Y vosotros, amos, haced con ellos lo mismo, dejando las amenazas, sabiendo que el Señor de ellos y vuestro está en los cielos, y que para él no hay acepción de personas.*" Por lo tanto, cuando Dios le permite trabajar bajo la autoridad humana, debe hacerlo como está trabajando para Dios mismo. Además, si Dios le permite trabajar por los demás, debe hacerlo recordando que Dios está sobre usted. Aunque no hay pecado en buscar un nuevo empleo, todos y cada uno de los trabajos deben hacerse mientras se "*permanezca para con Dios,*" trabajando "*como al Señor*" y representándolo ante los que trabajan con usted (I Corintios 7:24, Efesios 6:7).

Andar Donde Está Llamado Es una Elección Personal

La enseñanza de Pablo en I Corintios 7:10-24 es clara; no importa dónde se encuentre dentro de su familia, su cultura o su empleo, debe vivir como un hijo de Dios que lo representa ante quienes le rodean. ¿Está viviendo en la privacidad de su propio hogar de tal manera que Jesucristo está siendo representado ante los miembros de su familia? ¿Está viviendo dentro de su sociedad de tal manera que invita a los que le rodean a aprender de Jesucristo mientras rechaza las actividades culturales que deshonran la Palabra de Dios? ¿Está representando a Dios el Padre y al Señor Jesucristo en su lugar de empleo, trabajando para la gloria de Dios en lugar de la alabanza de los hombres? ¿Qué cambios en su vida familiar, participación cultural o empleo debe hacer para mostrar correctamente que es un hijo de Dios en aquellas relaciones y responsabilidades que Dios le ha dado?

Principios Bíblicos acerca de
Andar Donde Esta Llamado

✓ **II Timoteo 2:8-10** - Los Cristianos son llamados con llamamiento santo.

✓ **Tito 2:11-14** - Los Cristianos deben vivir piadosamente en este mundo presente.

✓ **Efesios 2:11-22** - Los Cristianos, tanto judíos como gentiles, son parte de la familia de Dios.

✓ **Mateo 19:3-9** - Dios no diseñó el matrimonio para terminar en divorcio.

✓ **Efesios 5:22-33** - Las parejas Cristianas deben representar a Cristo y a la iglesia en su relación.

✓ **Colosenses 3:18-19** - Los esposos Cristianos deben ser amorosos y las esposas cristianas deben ser sumisas.

✓ **Efesios 6:4** - Los padres Cristianos no deben provocar a sus hijos, sino guiarlos en las cosas del Señor.

✓ **Colosenses 3:21** - Los padres Cristianos no deben provocar a sus hijos para protegerlos del desánimo.

✓ **Colosenses 3:22-25** - Los empleados Cristianos deben trabajar para sus patrones como si estuvieran trabajando para Jesucristo.

✓ **I Timoteo 6:1-3** - Los empleados Cristianos deben honrar a sus empleadores.

✓ **Tito 2:9-10** - Los empleados Cristianos deben obedecer y trabajar fielmente para sus patrones.

✓ **I Pedro 2:18-21** - Los empleados Cristianos deben estar sujetos a sus empleadores, incluso cuando ellos mismos no son buenos.

✓ _____ - _____
_____

✓ _____ - _____
_____

✓ _____ - _____
_____

✓ _____ , - _____
_____

✓ _____ - _____
_____

✓ _____ - _____
_____

✓ _____ - _____
_____

✓ _____ - _____
_____

✓ _____ - _____
_____

✓ _____ - _____
_____

Capítulo 8

Andar con
Los de Afuera

Colosenses 4:5-6
5 Andad sabiamente para con los de afuera,
redimiendo el tiempo.
6 Sea vuestra palabra siempre con gracia,
sazonada con sal,
para que sepáis cómo debéis responder a cada uno.

I Tesalonicenses 4:11-12
11 y que procuréis tener tranquilidad,
y ocuparos en vuestros negocios,
y trabajar con vuestras manos
de la manera que os hemos mandado,
12 a fin de que os conduzcáis honradamente
para con los de afuera,
y no tengáis necesidad de nada.

Capítulo 8

Andar con Los de Afuera

Colosenses 4:5-6
I Tesalonicenses 4:11-12

Instrucción Bíblica acerca de Andar con Los de Afuera

En Colosenses 4:5-6 y I Tesalonicenses 4:12, el apóstol Pablo instruyó a los creyentes del Nuevo Testamento a tener un propósito en la forma en que interactúan con quienes los rodean, diciendo, "*Andad...con los de afuera.*" Varias veces a lo largo del Nuevo Testamento, la frase "los que están fuera" distingue entre los que creen en Jesucristo y tienen vida eterna y los que no. En Marcos 4:11, Jesús, mientras respondía a la pregunta de Sus discípulos acerca de Su uso de las parábolas, dijo, "*A vosotros os es dado saber el misterio del reino de Dios; mas a los que están fuera, por parábolas todas las cosas*" Jesús estaba indicando que debido a que Sus discípulos creían en Él y lo seguían, eran diferentes de aquellos que no lo hacían. Como se discutió en el capítulo cinco, "Andar en la Luz," todo creyente es llamado de las tinieblas del mundo a la luz de Dios en el momento de su salvación (Efesios 5:8). Por esta razón, Jesús pudo decir en Juan 17:14-15, "*Yo les he dado tu palabra; y el mundo los aborreció, porque no son del mundo, como tampoco yo soy del mundo. No ruego que los quites del mundo, sino que los guardes del mal.*" Por lo tanto, el uso de la frase por parte de Pablo indica que los creyentes deben reconocer que han sido separados del mundo y que deben vivir separados del mundo.

En I Corintios 5:12, Pablo usó la frase para distinguir a los que eran creyentes y parte de la iglesia local de los que no lo eran, diciendo: *"Porque ¿qué razón tendría yo para juzgar a los que están fuera? ¿No juzgáis vosotros a los que están dentro?"* En el contexto, Pablo estaba ayudando a la iglesia local a reconocer su papel en la corrección amorosa de un creyente pecador que había sido separado del mundo por Dios en el momento de la salvación, pero que estaba eligiendo vivir como si todavía fuera parte del mundo. Pablo una vez más usó la frase en I Timoteo 3:7 al dar las calificaciones de un pastor, diciendo, *"También es necesario que tenga buen testimonio de los de afuera, para que no caiga en descrédito y en lazo del diablo."* Dentro de este contexto, Pablo enseñó que un pastor debe tener especial cuidado en mantener un estilo de vida piadoso ante los no salvos para que no haya oportunidad de que el diablo ataque su testimonio personal o ministerio.

El uso de Pablo de la frase *"Andad...con los de afuera"* indica que los creyentes han sido separado del mundo y deben mantener un estilo de vida distinta. Más específicamente, en Colosenses 4:5, él dijo que deben *"andad sabiamente."* En I Tesalonicenses 4:12 él dijo que deben *"conduzcáis honradamente."* *Andar con los que están afuera es un estilo de vida que refleja una distinción del mundo al seguir la sabiduría de Dios y la honra a Dios mientras interactuar con los incrédulos..*

Andar Sabiamente con Los de Afuera

En Colosenses 4:5, el apóstol Pablo mandó a los creyentes en Colosas a *"Andad sabiamente para con los de afuera, redimiendo el tiempo."* A medida que los creyentes cumplan con sus actividades diarias, se enfrentarán continuamente con las filosofías y las tentaciones del mundo y, al mismo tiempo, enfrentarán el rechazo cuando elijan seguir a Jesucristo. Por eso Jesús dijo a Sus discípulos: *"He aquí, yo os envío como a ovejas en medio de lobos; sed, pues, prudentes como serpientes, y sencillos como palomas"* (Mateo 10:16). Aunque el mundo está lleno de conocimiento y de formas ingeniosas para usar ese conocimiento, la verdadera sabiduría proviene de Dios (Santiago 1:5-8). Anteriormente en Colosenses 2:3, al hablar de la grandeza de Dios Padre y de Jesucristo, Pablo dijo, *"en quien están escondidos todos los tesoros de la sabiduría y del conocimiento."* Dios es la fuente de la verdadera sabiduría a la que tiene acceso cuando aprende de Él y acerca de Él. Santiago 3:13-17 explica aún más al responder a la pregunta, *"¿Quién es sabio y entendido entre vosotros? Muestre por la buena conducta sus obras en sabia mansedumbre...la sabiduría que es de lo alto es primeramente pura, después pacífica, amable, benigna, llena de misericordia y de buenos frutos, sin incertidumbre ni hipocresía."* Mientras vive en este mundo lleno de pecado, debe rechazar la sabiduría perversa del mundo, que siempre conduce al pecado, y seguir la sabiduría celestial que proviene de Dios que siempre conduce a la justicia. Aunque el mundo puede rechazar públicamente su vida justa porque muestra que usted es diferente, también *"sean avergonzados"* cuando *"que en lo que murmuran de vosotros como de malhechores"* (I Pedro 3:16).

Pablo concluyó su instrucción a los creyentes en Colosenses 4:5 con la frase, *"redimiendo el tiempo."* La verdadera sabiduría nunca pierde un minuto porque reconoce que la vida es corta (Romanos 13:11). La vida es corta tanto para el creyente en cumplir la voluntad de Dios así como para el incrédulo de ser salvo. Como resultado, la verdadera sabiduría busca diligentemente en aprender y cumplir la voluntad de Dios antes de que se acabe el tiempo (Colosenses 1:9). En Efesios 5:15-17, Pablo escribió, *"Mirad, pues, con diligencia cómo andéis, no como necios sino como sabios, aprovechando bien el tiempo, porque los días son malos. Por tanto, no seáis insensatos, sino entendidos de cuál sea la voluntad del Señor."* La realidad de que la vida es corta y que el mundo que le rodea está lleno de maldad debería motivarle a buscar la sabiduría de Dios más diligentemente para que pueda vivir con más prudencia o cuidado. Para crecer en la sabiduría de Dios, debe comprometerse a crecer en su conocimiento de Él a través del estudio de Su Palabra. Colosenses 3:16 dice, *"La palabra de Cristo more en abundancia en vosotros, enseñándoos y exhortándoos unos a otros en toda sabiduría."* A medida que llene su vida con la Palabra de Dios, su corazón se llenará de Su sabiduría. A medida que su corazón se llene de la sabiduría de Dios, Él se volverá más precioso para usted y naturalmente comenzará a reflejarlo más claramente en el mundo perdido que lo rodea. Y mientras usted refleja a Dios al mundo perdido que le rodea, algunos incrédulos, no todos, pero algunos, comenzarán a preguntarse por qué es diferente y cómo ellos también pueden disfrutar de una vida cambiada (I Pedro 3:15).

Aunque su estilo de vida, cuando es guiado por la sabiduría de Dios, le revela al mundo perdido que usted es diferente, su respuesta verbal a sus preguntas sobre por qué es diferente puede llevarlos a aceptar a Jesucristo como su Salvador personal. Es por esta razón que Pablo concluyó su enseñanza acerca de andar sabiamente con los de afuera diciendo, *"Sea vuestra palabra siempre con gracia, sazonada con sal, para que sepáis cómo debéis responder a cada uno"* (Colosenses 4: 6). Debe permitir que la sabiduría de Dios afecte no solo sus acciones, sino también que guíe su discurso. Debe buscar en aprender las respuestas de Dios a las preguntas del mundo perdido para llevarlos a disfrutar de una relación personal con Él a través de Jesucristo, tal como alguien más lo hizo por usted.

Andar Honradamente con Los de Afuera

En I Tesalonicenses 4:12, Pablo animó a los creyentes en Tesalónica, escribiendo, *"a fin de que os conduzcáis [o andéis] honradamente para con los de afuera, y no tengáis necesidad de nada."* (La palabra "conduzcáis" viene de la misma palabra "andad" en Colosenses 4:5). Como se mencionó anteriormente, los creyentes en Tesalónica estaban bajo una gran persecución. En consecuencia, Pablo no estaba escribiendo para corregir sus errores en el presente tanto como para evitar que cometieran errores en el futuro. En este contexto, Pablo estaba tratando de prevenir una actitud de pereza que puede desarrollarse a partir de una mala comprensión de la fe y el proceso de Dios de proveer para las propias necesidades. Sabía que tal malentendido llevaría a los creyentes a ser deshonrosos o desordenados al esperar que los demás suministren lo que ellos deberían haber trabajado para suplir. Pablo exhortó a los creyentes a ser trabajadores diligentes, diciendo, *"y que procuréis tener tranquilidad, y ocuparos en vuestros negocios, y trabajar con vuestras manos de la manera que os hemos mandado"* (I Tesalonicenses 4:11). Tristemente, algunos de los creyentes en Tesalónica no prestaron atención a las instrucciones de Pablo y tuvo que confrontarlos más directamente en II Tesalonicenses 3:6-12, diciendo, *"Pero os ordenamos, hermanos, en el nombre de nuestro Señor Jesucristo, que os apartéis de todo hermano que ande desordenadamente, y no según la enseñanza que recibisteis de nosotros. Porque vosotros mismos sabéis de qué manera debéis imitarnos; pues nosotros no anduvimos desordenadamente entre vosotros, ni comimos de balde el pan de nadie, sino que trabajamos con afán y fatiga día y noche, para no ser gravosos a ninguno de vosotros; no porque no tuviésemos derecho, sino por daros nosotros mismos un ejemplo para que nos imitaseis. Porque también cuando estábamos con vosotros, os ordenábamos esto: Si alguno no quiere trabajar, tampoco coma. Porque oímos que algunos de entre vosotros andan desordenadamente, no trabajando en nada, sino entremetiéndose en lo ajeno. A los tales mandamos y exhortamos por nuestro Señor Jesucristo, que trabajando sosegadamente, coman su propio pan."*

Aunque Dios promete proveerle para sus necesidades diarias, frecuentemente requiere de su participación en el proceso (Mateo 6:25-34). Pablo a menudo trabajaba para suplir sus propias necesidades, incluso mientras participaba activamente en el ministerio. En I Tesalonicenses 2:9, él escribió, *"Porque os acordáis, hermanos, de nuestro trabajo y fatiga; cómo trabajando de noche y de día, para no ser gravosos a ninguno de vosotros, os predicamos el evangelio de Dios."* También añadió en II Tesalonicenses 3:7-9, *"Porque vosotros mismos sabéis de qué manera debéis imitarnos; pues nosotros no anduvimos desordenadamente entre vosotros, ni comimos de balde el pan de nadie, sino que trabajamos con afán y fatiga día y noche, para no ser gravosos a ninguno de vosotros; no porque no tuviésemos derecho, sino por daros nosotros mismos un ejemplo para que nos imitaseis."* Pablo era fabricante de tiendas de campaña y usaba su oficio para mantenerse a sí mismo y a los demás (Hechos 18:1-3,

20:33-35). Su trabajo, mientras compartía el Evangelio, sirve como un ejemplo de cómo usted debe trabajar diligentemente para sus propias necesidades físicas y de compartir el Evangelio para satisfacer las necesidades espirituales de los perdidos que lo rodean. Sin embargo, si no es diligente en su trabajo físico, puede esperar a que su mensaje espiritual no llegue muy lejos. Su ética de trabajo y su ética espiritual deben coincidir. Debe ser diligente en cada área de sus responsabilidades físicas y espirituales diarias mientras confía en Dios por los resultados.

Andar con Los de Afuera Es una Elección Personal

La enseñanza de Pablo acerca de andar con los que están afuera indica que su testimonio espiritual se ve afectado por su conducta diaria. ¿Está buscando a Dios por Su sabiduría en sus interacciones diarias con quienes le rodean? ¿Está usando su tiempo sabiamente para cumplir la voluntad de Dios en medio de este mundo malvado? ¿Está comprometido en buscar la voluntad de Dios mediante el estudio de Su Palabra? ¿Se está preparando para responderle sabiamente a quienes le preguntan acerca de su estilo de vida piadoso? ¿Está trabajando honestamente, o diligentemente, para satisfacer sus propias necesidades? ¿Está utilizando su ética de trabajo para extender el mensaje del Evangelio? ¿Qué cambios debe hacer en su vida para que pueda andar con sabiduría y honestidad delante del mundo perdido que le rodea?

Principios Bíblicos acerca de
Andar con Los de Afuera

✓ **Juan 15:18-21** - Dios ha separado a los Cristianos del mundo, y por eso el mundo no los acepta.

✓ **I Juan 4:4-6** - Los Cristianos han vencido al mundo a través de su relación con Jesucristo.

✓ **Romanos 11:33-36** - La sabiduría de Dios está más allá de la comprensión humana.

✓ **I Corintios 3:18-20** - La sabiduría de Dios hace que la sabiduría del mundo parezca necedad.

✓ **Efesios 1:3-12** - Dios provee a los Cristianos con abundante sabiduría a través de Jesucristo.

✓ **Efesios 1:15-20** - Los Cristianos deben orar para que sus compañeros creyentes crezcan en sabiduría a través del conocimiento de Dios Padre.

✓ **Romanos 13:13** - Toda la vida de un Cristiano debe caracterizarse por la honestidad o la decencia.

✓ **I Corintios 14:40** - Todas las cosas en la iglesia local deben hacerse decentemente o con honestidad.

✓ **Efesios 4:28** - Los Cristianos deben trabajar con sus propias manos con la intención de ayudar a los necesitados.

✓ **II Corintios 8:21** - Los Cristianos deben vivir honestamente ante Dios y ante todos los hombres.

✓ **I Pedro 2:11-12** - Los Cristianos deben vivir honestamente aun cuando los perdidos hablen mal de ellos.

✓ _____ - _____
_____

✓ _____ - _____
_____

✓ _____ - _____
_____

✓ _____ - _____
_____

✓ _____ - _____
_____

✓ _____ - _____
_____

✓ _____ - _____
_____

✓ _____ - _____
_____

✓ _____ - _____
_____

✓ _____ - _____
_____

✓ _____ - _____
_____

Capítulo 9

Andar Tras un Ejemplo
Andar por la Misma Regla
Andar con la Misma Mente
Andar en el Mismo Espíritu

Filipenses 3:8-19
16 Pero en aquello a que hemos llegado,
sigamos una misma regla, sintamos una misma cosa.
17 Hermanos, sed imitadores de mí,
y mirad a los que así se conducen
según el ejemplo que tenéis en nosotros.
18 Porque por ahí andan muchos,
de los cuales os dije muchas veces,
y aun ahora lo digo llorando,
que son enemigos de la cruz de Cristo;
19 el fin de los cuales será perdición,
cuyo dios es el vientre,
y cuya gloria es su vergüenza;
que sólo piensan en lo terrenal.

II Corintios 12:14-19
18 Rogué a Tito, y envié con él al hermano.
¿Os engañó acaso Tito?
¿No hemos procedido con el mismo espíritu
y en las mismas pisadas?

II Tesalonicenses 3:6-15

6 Pero os ordenamos, hermanos,
en el nombre de nuestro Señor Jesucristo,
que os apartéis de todo hermano
que ande desordenadamente,
y no según la enseñanza que recibisteis de nosotros.
7 Porque vosotros mismos sabéis
de qué manera debéis imitarnos;
pues nosotros no anduvimos desordenadamente
entre vosotros,
8 ni comimos de balde el pan de nadie,
sino que trabajamos con afán y fatiga día y noche,
para no ser gravosos a ninguno de vosotros;
9 no porque no tuviésemos derecho,
sino por daros nosotros mismos un ejemplo
para que nos imitaseis.
10 Porque también cuando estábamos con vosotros,
os ordenábamos esto:
Si alguno no quiere trabajar, tampoco coma.
11 Porque oímos que algunos de entre vosotros
andan desordenadamente,
no trabajando en nada,
sino entremetiéndose en lo ajeno.

Andar Tras un Ejemplo
Andar por la Misma Regla
Andar con la Misma Mente
Andar en el Mismo Espíritu

Filipenses 3:8-19
II Corintios 12:14-19
II Tesalonicenses 3:6-15

Instrucción Bíblica acerca de
Andar Tras un Ejemplo

En Filipenses 3:8-14, el apóstol Pablo compartió su meta personal para su andar espiritual, diciendo, *"Y ciertamente, aun estimo todas las cosas como pérdida por la excelencia del conocimiento de Cristo Jesús, mi Señor...a fin de conocerle, y el poder de su resurrección, y la participación de sus padecimientos, llegando a ser semejante a él en su muerte, si en alguna manera llegase a la resurrección de entre los muertos. No que lo haya alcanzado ya, ni que ya sea perfecto; sino que prosigo, por ver si logro asir aquello para lo cual fui también asido por Cristo Jesús. Hermanos, yo mismo no pretendo haberlo ya alcanzado; pero una cosa hago: olvidando ciertamente lo que queda atrás, y extendiéndome a lo que está delante, prosigo a la meta, al premio del supremo llamamiento de Dios en Cristo Jesús."* A Pablo le apasionaba crecer en su conocimiento y obediencia a Jesucristo. Humildemente se dio cuenta de que todavía no había aprendido ni aplicado adecuadamente todo lo que necesitaba. Sin embargo, se dedicó a dar pasos adelante en su búsqueda espiritual.

En Filipenses 3:15-17, Pablo animó a los creyentes de Filipos a unirse a él en su pasión y búsqueda de conocer y vivir para Jesucristo, diciendo, *"Así que, todos los que somos perfectos, esto mismo sintamos...sigamos una misma regla, sintamos una misma cosa. Hermanos, sed imitadores de mí, y mirad a los que así se conducen [o andan] según el ejemplo que tenéis en nosotros."* La vida de Pablo estuvo guiada por una regla primordial: conocer y agradar a Jesucristo a toda costa. Esa es la misma regla, o forma de pensar, que todos los creyentes perfectos, o maduros, deben mantener. Pablo, mientras hablaba a los creyentes en Corinto, reveló que no estaba solo en su dedicación a anteponer a Jesucristo y Su ministerio a los deseos personales, diciendo, *"Rogué a Tito, y envié con él al hermano. ¿Os engañó acaso Tito? ¿No hemos procedido [o andado] con el mismo espíritu y en las mismas pisadas?"* (II Corintios 12:18). Aunque las circunstancias de su vida son diferentes a las de Pablo, Timoteo y del hermano anónimo, su dedicación a servir a Jesucristo en cada uno de los eventos de la vida debe ser un estímulo para que usted haga lo mismo. *Andar tras un ejemplo es un estilo de vida que lo reconoce y aprende de otros creyentes centrados en Cristo.*

Andar Tras un Ejemplo Requiere Aprender de los Creyentes Centrados en Cristo

En Filipenses 3:17, Pablo comenzó su mandato de seguir los ejemplos piadosos llamando a los creyentes de Filipos *"hermanos,"* como lo hizo muchas otras veces a lo largo de su carta (Filipenses 1:12, 14, 3:1, 3:13, 4:1, 8). Pablo no se creía apartado de sus hermanos en la fe, sino que reconocía que todos eran iguales como hijos de Dios. Sin embargo, como en toda familia, también reconoció que siendo mayor en la fe, sus años de experiencia y testimonio personal podían servir de guía a sus hermanos y hermanas menores en Cristo. En su papel de hermano mayor en Cristo, Pablo mandó a sus hermanos espirituales, diciendo, *"Sed imitadores de mí, y mirad a los que así se conducen [andan] según el ejemplo que tenéis en nosotros"* (Filipenses 3:17). También añadió en Filipenses 4:9, *"Lo que aprendisteis y recibisteis y oísteis y visteis en mí, esto haced; y el Dios de paz estará con vosotros."* Pablo acababa de explicar que su objetivo era conocer y seguir a Jesucristo. Por lo tanto, su mandato para que otros creyentes lo siguieran no fue dado por orgullo, sino por el deseo de ayudar a los necesitados. En I Corintios 11:1, dijo, *"Sed imitadores de mí, así como yo de Cristo."* Después de su salvación, toda la vida y el ministerio de Pablo se centraron en Jesucristo. Por esta razón, escribió anteriormente en su carta, *"Así que, hermanos, cuando fui a vosotros para anunciaros el testimonio de Dios, no fui con excelencia de palabras o de sabiduría. Pues me propuse no saber entre vosotros cosa alguna sino a Jesucristo, y a éste crucificado"* (I Corintios 2:1-2). Más tarde escribió en II Corintios 4:2-5, *"Antes bien renunciamos a lo oculto y vergonzoso, no andando con astucia, ni adulterando la palabra de Dios...Porque no nos predicamos a nosotros mismos, sino a Jesucristo como Señor, y a nosotros como vuestros siervos por amor de Jesús."* Pablo no deseaba hacer discípulos que lo siguieran; deseaba hacer discípulos de Jesucristo. Por lo tanto, concluyó su mandato diciendo, *"mirad a los que así se conducen según el ejemplo que tenéis en nosotros"* (Filipenses 3:17). Pablo deseaba que los creyentes de Filipos buscaran otros ejemplos piadosos que pudieran seguir. Algunos de sus ejemplos podrían provenir de personajes de la Biblia, algunos de la historia de la iglesia y algunos de su propia iglesia local (Romanos 15:4-6, Efesios 4:11-16). Sin importar la fuente, cada ejemplo debía ser como Pablo en su enfoque de conocer y obedecer a Jesucristo.

Andar Tras un Ejemplo Requiere Separarse de los Creyentes Egocéntricos

En Filipenses 3:18-19, Pablo advirtió a los creyentes filipenses de los ejemplos egocéntricos que los distraerían de centrarse en Jesucristo, diciendo, *"Porque por ahí andan muchos, de los cuales os dije muchas veces, y aun ahora lo digo llorando, que son enemigos de la cruz de Cristo; el fin de los cuales será perdición, cuyo dios es el vientre, y cuya gloria es su vergüenza; que sólo piensan en lo terrenal."* Desafortunadamente, incluso en los días de Pablo, había ejemplos de personas impías que comenzaban a tener influencia sobre los creyentes en Filipos. Estas influencias hicieron que los ojos de Pablo se llenaran de lágrimas cuando dejaron de centrar su atención en Cristo y la pusieron en sí mismos. También sabía que necesitaba confrontar públicamente tal impiedad para que otros creyentes sinceros no fueran engañados por su mal ejemplo.

En II Tesalonicenses 3:6-15, Pablo también se dirigió públicamente a aquellos creyentes que eran egocéntricos en vez de cristocéntricos, diciendo, *"Pero os ordenamos, hermanos, en el nombre de nuestro Señor Jesucristo, que os apartéis de todo hermano que ande desordenadamente, y no según la enseñanza que recibisteis de nosotros. Porque vosotros mismos sabéis de qué manera debéis imitarnos; pues nosotros no anduvimos desordenadamente entre vosotros...por daros nosotros mismos un ejemplo para que nos imitaseis...Porque oímos que algunos de entre vosotros andan desordenadamente, no trabajando en nada, sino entremetiéndose en lo ajeno...Si alguno no obedece a lo que decimos por medio de esta carta, a ése señaladlo, y no os juntéis con él, para que se avergüence. Mas no lo tengáis por enemigo, sino amonestadle como a hermano."* Pablo había tenido mucho cuidado de vivir piadosamente cuando estaba con los creyentes de Tesalónica para darles un ejemplo de cristianismo bíblico (I Tesalonicenses 2:9-10). Muchos creyentes en Tesalónica apreciaron y siguieron el ejemplo de Pablo, pero algunos no estaban siguiendo su ejemplo y se habían vuelto perezosos y carnales (I Tesalonicenses 1:6). Por lo tanto, Pablo sintió la necesidad de recordarle a los creyentes que siguieran su ejemplo y se apartaran de los que no lo eran. Tal separación no debía hacerse para ser dura, sino más bien para amonestar o animar a los creyentes desobedientes a arrepentirse de su enfoque en sí mismos y regresar a un enfoque en Cristo.

Andar Tras un Ejemplo Es una Elección Personal

La enseñanza del Nuevo Testamento acerca de caminar mientras seguemos a otros creyentes centrados en Cristo le ordena a encontrar creyentes piadosos que ayuden a guiarlo a crecer en su conocimiento y obediencia a Jesucristo. También le ordena a que se separe de los creyentes egocéntricos que lo distraerán de conocer y vivir para Jesucristo. ¿Está buscando y estudiando intencionadamente sobre personajes de la Biblia que le ayuden a crecer en su caminar espiritual? ¿Está identificando creyentes de la iglesia histórica o en su iglesia local actual que estén enfocados en Cristo y que pueden servir como ejemplos y consejeros para guiarlo a conocer mejor a Jesucristo? ¿Está discerniendo acerca de las personas que influyen en su vida, asegurándose de que no estén centrados en sí mismos? ¿En qué áreas de su vida no ha sido un ejemplo de Cristo para otros creyentes que observan? ¿Qué cambios debe hacer en su vida para que pueda seguir otros ejemplos centrados en Cristo y por lo tanto ser usted también un ejemplo centrado en Cristo?

La Instrucción Bíblica acerca de
Su Nueva Hambre Espiritual

✓ **I Juan 2:3-5** - Un Cristiano debe guardar los mandamientos de Jesús para mostrar que realmente lo conoce.

✓ **I Corintios 9:24-27** - Un Cristiano debe tener dominio propio mientras vive para Jesucristo.

✓ **Romanos 15:5-6** - El mismo sentir viene de Dios cuando los Cristianos se enfocan en Jesucristo.

✓ **Hebreos 11:1-12:3** - Las historias de hombres y mujeres fieles en las Escrituras se han dado para alentar a los Cristianos a ser fieles durante toda su vida.

✓ **I Timoteo 4:12** - Los jóvenes Cristianos deben ser ejemplos para otros creyentes.

✓ **I Pedro 5:3** - Los líderes espirituales deben ser ejemplos para aquellos a quienes guían.

✓ **Romanos 16:17-18** - Los Cristianos deben separarse de aquellos que causan división y no siguen la sana doctrina.

✓ _____ - _____
  _____

✓ _____ - _____
  _____

✓ _____ - _____
  _____

✓ _____ - _____
_____

✓ _____ - _____
_____

✓ _____ - _____
_____

✓ _____ - _____
_____

✓ _____ - _____
_____

✓ _____ - _____
_____

✓ _____ - _____
_____

✓ _____ - _____
_____

✓ _____ - _____
_____

✓ _____ - _____
_____

✓ _____ - _____
_____

✓ _____ - _____
_____

Capítulo 10

Andar en Abundancia

I Tesalonicenses 3:12-4:1
12 Y el Señor os haga crecer y
abundar en amor unos para con otros y para con todos,
como también lo hacemos nosotros para con vosotros,
13 para que sean afirmados vuestros corazones,
irreprensibles en santidad delante de Dios nuestro Padre,
en la venida de nuestro Señor Jesucristo
con todos sus santos.
1 Por lo demás, hermanos,
os rogamos y exhortamos en el Señor Jesús,
que de la manera que aprendisteis de nosotros
cómo os conviene conduciros y agradar a Dios,
así abundéis más y más.

Capítulo 10

Andar en Abundancia

I Tesalonicenses 3:12-4:1

Instrucción Bíblica acerca de Andar en Abundancia

En I Tesalonicenses 4:1, el apóstol Pablo animó a los creyentes en la ciudad de Tesalónica, diciendo, *"Por lo demás, hermanos, os rogamos y exhortamos en el Señor Jesús, que de la manera que aprendisteis de nosotros cómo os conviene conduciros [o andaros] y agradar a Dios, así abundéis más y más."* Pablo estuvo poco tiempo con los nuevos creyentes en Tesalónica antes de que la persecución lo alejó de ellos. Sin embargo, usó su tiempo limitado para brindarles enseñanza bíblica y un ejemplo personal de cómo debían vivir su nueva vida Cristiana (I Tesalonicenses 2:10-12). En I Tesalonicenses 2:13-14, Pablo elogió su obediencia inicial a su instrucción, diciendo, *"Por lo cual también nosotros sin cesar damos gracias a Dios, de que cuando recibisteis la palabra de Dios que oísteis de nosotros, la recibisteis no como palabra de hombres, sino según es en verdad, la palabra de Dios, la cual actúa en vosotros los creyentes. Porque vosotros, hermanos, vinisteis a ser imitadores de las iglesias de Dios en Cristo Jesús que están en Judea; pues habéis padecido de los de vuestra propia nación las mismas cosas que ellas padecieron de los judíos."* Los creyentes de Tesalónica comenzaron su nueva vida en Cristo con fuerza, y su fidelidad estaba comenzando a impactar a otras ciudades. En I Tesalonicenses 1:6-10, Pablo registró, *"Y vosotros vinisteis a ser imitadores de nosotros y del Señor, recibiendo la palabra en medio de gran tribulación, con gozo del Espíritu Santo, de tal manera que habéis sido ejemplo a todos los de Macedonia y de Acaya que han creído. Porque partiendo de vosotros ha sido divulgada la palabra del Señor, no sólo en Macedonia y Acaya, sino que también en todo lugar vuestra fe en Dios se ha extendido, de modo que nosotros no tenemos necesidad de hablar nada; porque ellos mismos cuentan de nosotros la manera en que nos recibisteis, y cómo os convertisteis de los ídolos a Dios, para servir al Dios vivo y verdadero, y esperar de los cielos a su Hijo, al cual resucitó de los muertos, a Jesús, quien nos libra de la ira venidera."*

Los creyentes de Tesalónica creían en Dios y compartían sus creencias con quienes los rodeaban. Pero Pablo no quería que se volvieran complacientes. Expresó su dependencia de Jesucristo para ayudarlos a aumentar continuamente en su amor bíblico, lo que los llevaría a vivir en santidad ante Dios. Él dijo, *"Y el Señor os haga crecer y abundar en amor unos para con otros y para con todos, como también lo hacemos nosotros para con vosotros, para que sean afirmados vuestros corazones, irreprensibles en santidad delante de Dios nuestro Padre, en la venida de nuestro Señor Jesucristo con todos sus santos"* (I Tesalonicenses 3:12-13). *Andar en abundancia es un estilo de vida que aumenta continuamente el amor a los demás y la obediencia a Dios Padre.*

Andar en Abundancia Es Aumentar Continuamente el Amor por los Demás

Capítulo cinco, "Andar en la Luz," explicó que todos los creyentes deben *"andad en amor, como también Cristo nos amó"* y que *"toda la ley en esta sola palabra se cumple: Amarás a tu prójimo como a ti mismo"* (Efesios 5:2, Gálatas 5:14). Aunque los creyentes se habían estado amando unos a otros, Pablo sabía que con el tiempo su amor podría comenzar a fallar al ofenderse unos a otros sin darse cuenta. Pablo deseaba que eligieran amar en abundancia y aumentar continuamente en ese amor para que todas las necesidades de los creyentes fueran satisfechas. Recuerda que en el capítulo dos, "Andar Digno," Efesios 4:2 revela que debe andar como es digno de su vocación *"con toda humildad y mansedumbre, soportándoos con paciencia los unos a los otros en amor."* Por lo tanto, andar en abundancia en el amor de Cristo significa andar en abundancia en cada área de su vida Cristiana.

Una vez más, es importante notar que Pablo no estaba escribiendo para corregir al creyente en Tesalónica sino para animarlo. Habían estado amando a los demás correctamente, pero ese amor necesitaba crecer constantemente. Así que Pablo escribió en I Tesalonicenses 4:9-10, *"Pero acerca del amor fraternal no tenéis necesidad de que os escriba, porque vosotros mismos habéis aprendido de Dios que os améis unos a otros; y también lo hacéis así con todos los hermanos que están por toda Macedonia. Pero os rogamos, hermanos, que abundéis en ello más y más;"*

Debido a que *"el que ama al prójimo, ha cumplido la ley,"* Pablo podría seguir su aliento de abundar en amor diciendo, *"Porque ya sabéis qué instrucciones os dimos por el Señor Jesús; pues la voluntad de Dios es vuestra santificación; que os apartéis de fornicación...Pues no nos ha llamado Dios a inmundicia, sino a santificación"* (Romanos 13:8-10, I Tesalonicenses 4:2-7). El mundo le dirá que abundar en amor significa aumentar en sensualidad, pero Dios enseña que abundar en amor significa aumentar en pureza. Su amor por los que le rodean debe ser como Jesús lo hizo por usted, una elección para hacer lo mejor para ellos y su bienestar espiritual. Así como el amor de Jesucristo por usted nunca fallará, no importa cuántas veces lo descuide o peque contra Él, así también su amor por los demás debe aumentar diariamente.

Andar en Abundancia Es Aumentar Continuamente la Obediencia a Dios

En I Tesalonicenses 4:1, Pablo declaró que la meta del andar abundante del creyente es *"agradar a Dios."* Por lo tanto, aunque los creyentes puedan disfrutar al crecer en su conocimiento espiritual e incluso en sus relaciones con otros creyentes, siempre deben recordar que su meta es hacer *"todo para la gloria de Dios"* (I Corintios 10:31). Nunca debe dejar de lado este objetivo. En cambio, debe dedicarse diariamente a glorificar a Dios a través de sus actitudes, acciones, y palabras.

En Juan 10:10, Jesucristo dijo que Él vino para que *"tengan vida, y para que la tengan en abundancia."* En el capítulo tres, "Andar en Vida Nueva," se reveló que *"cuando [su] pecado abundo, sobreabundó la gracia"* de Dios" (Romanos 5:20). Además, II Corintios 9:8 declara que *"poderoso es Dios para hacer que abunde en vosotros toda gracia, a fin de que, teniendo siempre en todas las cosas todo lo suficiente, abundéis para toda buena obra.* Romanos 15:13 agrega que es Dios quien *"os llene de todo gozo y paz en el creer, para que abundéis en esperanza por el poder del Espíritu Santo."* Dios le ha dado abundantemente todo lo que necesita para esta vida y la eternidad. Por lo tanto, es razonable que debe abundar en glorificarle por obedecer más y más Su Palabra en todas sus actividades diarias.

Andar en Abundancia Es una Elección Personal

I Tesalonicenses 3:12-4:1 enseña claramente que debe abundar continuamente en su vida espiritual, tanto que le afecte su vida práctica. Primero, debe obedecer los mandamientos de Dios amando correctamente a los que le rodean. Segundo, debe glorificar a Dios al obedecer Sus mandamientos. ¿Está amando a los demás como Jesucristo le ama a usted? ¿Está eligiendo hacer lo que es mejor para los que le rodean, incluso cuando pecan contra usted? ¿Se está santificando a propósito delante de Dios para protegerse a si mismo y a los que le rodean de caer en pecado? ¿ Está viviendo de tal manera que Dios reciba la gloria tanto de su vida privada como pública? ¿Está creciendo en su conocimiento de Dios y Su Palabra para que sus actividades diarias puedan agradarle abundantemente?

Principios Bíblicos acerca de
Andar en Abundancia

✓ **II Corintios 1:3-10** - El consuelo de Dios abunda cuando los Cristianos están en abundante tribulación.

✓ **Efesios 1:5-12** - Dios ha dado a los Cristianos abundante sabiduría y prudencia.

✓ **I Corintios 15:57-58** - Los Cristianos deben abundar en su trabajo para el Señor.

✓ **II Corintios 8:1-5** - Los Cristianos deben ser dadores abundantes.

✓ **Colosenses 2:6-7** - Los Cristianos deben abundar en acción de gracias.

✓ _____ - _____
_____

✓ _____ - _____
_____

✓ _____ - _____
_____

✓ _____ - _____
_____

✓ _____ - _____
_____

✓ _____ - _____
_____

✓ _____ - _____
_____

✓ _____ - _____
_____

✓ _____ - _____
_____

✓ _____ - _____
_____

✓ _____ - _____
_____

✓ _____ - _____
_____

✓ _____ - _____
_____

✓ _____ - _____
_____

✓ _____ - _____
_____

✓ _____ - _____
_____

✓ _____ - _____
_____

Los Otros Estudios Bíblicos y Libros disponibles por
Los Ministerios de Andando en la PALABRA
www.walkinginthewordministries.net

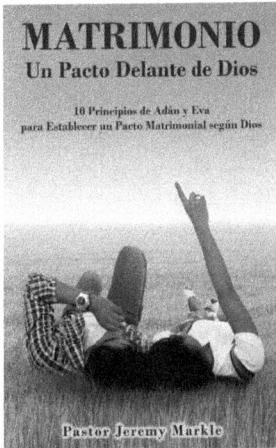

MATRIMONIO
Un Pacto Delante de Dios

10 Principios de Adán y Eva
para Establecer un Pacto Matrimonial según Dios

Pastor Jeremy Markle

Matrimonio:
Un Pacto Delante de Dios

Diez estudios y materiales extras
para ayudar a una pareja
a tener un matrimonio bíblico.

La Crianza con Propósito

Seis estudios
sobre la crianza bíblica.
Los primeros tres estudios se enfocan en la
necesidad de los padres
para honrar a Dios con su niño.
Los últimos tres estudios se enfocan en cómo
los padres tienen que representar a Dios Padre
a su niño.

LA CRIANZA CON PROPÓSITO

Honrando a Dios Padre
con su hijo
mientras
Representando a Dios Padre
a su hijo

La Armadura de Dios
para las Batallas Diarias
Efesios 6:10-18

La Protección Espiritual
de
Los Ataques Espirituales

La Armadura de Dios
para las Batallas Diarias

Un estudio diario
para ayudar a los creyentes
a aprender y aplicar
los recursos espirituales
que Dios el Padre les da
para vivir la vida victoriosa.

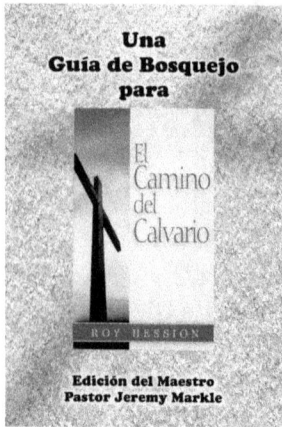

Una Guía de Bosquejo para El Camino del Calvario de Roy Hession

Esta guía en forma de bosquejo
fue escrita para mejorar
su capacidad de comprender, recordar,
y aplicar las verdades espirituales importantes
compartidas en
El Camino del Calvario.

La Búsqueda para la Mano de Dios en Mi Vida

Un estudio de seis temas importantes
para que un creyente pueda ver
el cuidado y la dirección de Dios
en su vida.

El Corazón del Hombre

Un análisis Bíblico
tocante a la salvación,
los primeros pasos de la obediencia,
y la vida nueva.

¿Qué dice la Biblia sobre:
La Salvación?,
El Bautismo?,
La Membresía de la Iglesia?

Tres estudios sencillos
para investigar y repasar
la salvación
y los primeros pasos de obediencia
en la vida del creyente.

¿Quiénes Son Los Bautistas?
Según Sus Distintivos

Un estudio bíblico
de las ocho creencias básicas
de los Bautistas.

¿La Voluntad de Dios
es un Rompecabezas para Ti?

Un estudio y formulario bíblico
para encontrar la voluntad de Dios
para su vida.

Los Componentes Básicos
para una Vida Cristiana Estable

Cinco estudios explicando
la importancia de y como organizarse
en la oración,
el estudio bíblico,
las verdades bíblicas,
los versículos de memoria,
y la predicación.

Andando en la Vida Nueva

El propósito de este libro es estudiar las
Escrituras para encontrar el verdadero
significado de la "Vida Nueva" que se
encuentra en Jesucristo y luego descubrir las
grandes promesas que cada uno de los hijos de
Dios puede disfrutar, así como las grandes
responsabilidades que deben cumplir mientras
caminan "en vida nueva" (Romanos 6:4).
Una guía de estudio está disponible.

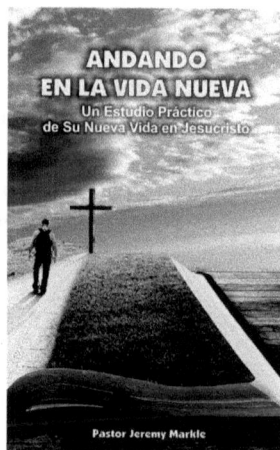

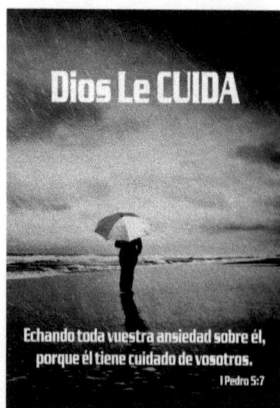

Dios Le CUIDA

Un libro de esperanza bíblica
encontrada por reconocer
el amor y cuido de Dios
en las circunstancias difíciles.

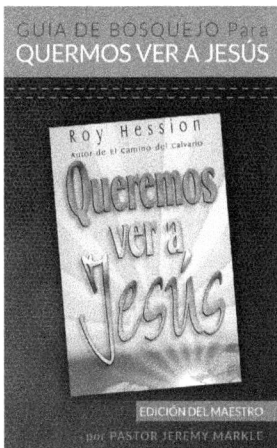

Guía de Bosquejo Para
Queremos Ver a Jesús
de Roy Hession

Esta guía en forma de bosquejo
fue escrita para mejorar
su capacidad de comprender,
recordar, y aplicar
las verdades espirituales importantes
compartidas en
Queremos Ver a Jesús.

Por favor visita
www.walkinginthewordministries.net
para encontrar más recursos bíblicos en español y inglés.